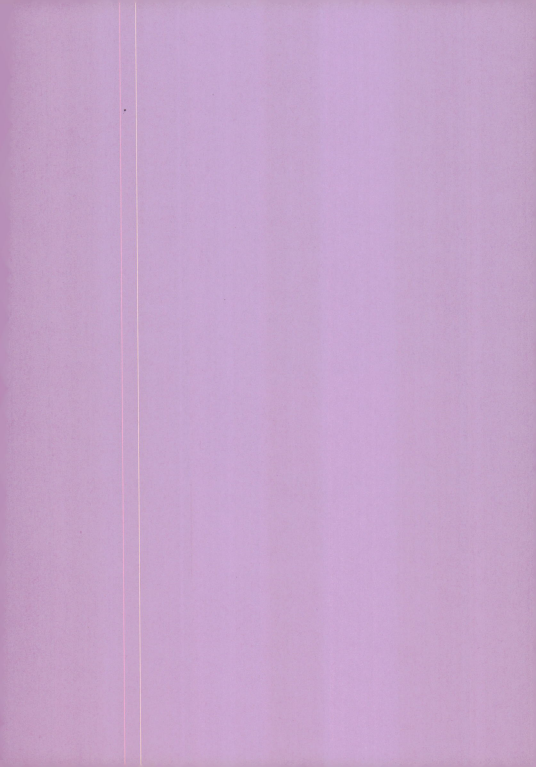

二十一世紀の惟神の道

十言神呪《とことのかじり》

――神・最高品性に至る三本の道・霊祭道――

石黒豊信

MPミヤオビパブリッシング

前篇　十言神呪　【霊《れい》の道《みち》】【祭《さい》の道《みち》】

真澄洞創立者　門田博治先生の御霊前に捧げます

はじめに

真澄洞《しんちょうどう》の正式名は「霊祭道《れいさいどう》 三統義《さんとうぎ》 真澄洞」です。

当洞は「十言神呪《とことこかじり》」を研究、啓蒙するものです。その哲学を単に真澄哲学と称します。

何故に霊祭道と称するかと申しますと、神、即ち、統《す》――最高品性――に至る道は、「霊《れい》の道《みち》」、「祭《さい》の道《みち》」、「道《どう》の道《みち》」の三本あるからです。

そのうちの二本の「霊の道」と「祭の道」が当洞に伝授されました。

昭和二十八年、門田博治《かどたひろし》先生が授かりました。その伝授のさまは『光る国神霊物語』（門田博治・花井陽三郎共著、宮帯出版）として上梓してあります。これは行《ぎょう》を共にした花井陽三郎先生の著わされたものです。門田先生は十言神呪について解説を著わすことがありませんでした。

それに先立ちて「道の道」は大正の末年頃に法学博士・廣池千九郎《ひろいけちくろう》先生に授かりました。廣池博士はそれを「モラロジー最高道徳」（以下「最高道徳」）と名付け、『最初の試みである道徳科学の論文』（以下『道徳科学』）として大部の著作に体系され昭和元年に公にされました。

廣池博士は、『古事類苑』の四分の一を記述されたという学識を持ちながら、積年の労苦から体調を崩し、生死の淵を彷徨《さまよ》う身体の中から法学博士としての名誉を捨てて『天理教』の信者となりました。そして、多くの人々を病苦から救い出され、温泉を巡りながらかろうじて身を養い「道の道」を神授されました。

廣池博士と門田先生にくだされました十言神呪の二つの系列の哲学は、共に住江大神の啓《ひら》かれた哲学であります。大神様は、この現世に何を問いかけ啓示《けいじ》されたのでしょうか。この神意を考えるだけで、人間としての反省を感ぜずにはおられません。

私は大学卒業後、昭和四十二年、廣池博士の創立されたモラロヂー研究所と併設する㈻廣池学園の麗澤瑞浪高等学校（十年後に転勤し麗澤高等学校）に奉職することになりました。またふとしたことで、昭和五十年、門田博治先生に師事することとなりました。爾来、高等学校の数学の教員として定年退職を迎えるまで奉職しました。また、その間ゆるむことなく門田先生に師事し、昭和六十三年、門田先生のご逝去の後はその研究を引き継ぎ今日に至っております。

不可思議な導きを得て、『道徳科学』の創建者である廣池千九郎博士、真澄洞の創立者である門田博治先生の両先生からの霊界通信を賜りました。その通信を参考にして本書は記述をいたしました。

顧みますと、廣池博士に十言神呪「道の道」が授かりましたのは大正末でした。門田先生に「霊の道」「祭の道」が授かりましたのはそれから三十年後の昭和二十八年でした。霊界通信は門田先生よりは平成二十六年八月に「霊の道」「祭の道」、廣池博士よりは二十七年八月に「道の道」です。これは十言神呪の「霊の道」「祭の道」が開示されてより六十年、「道の道」が開示されてより九十年のことになります。

十言神呪には「組立て」があります。

門田先生は十言神呪を授かると同時にその組立てを三つ作りました。第一、第二は簡単なものですが、重要なのは十言神呪の第三の組立てです。十言神呪の啓示の終った昭和二十九年春に住江大神の印可をいただき完成しました。第三の組立ては「宇宙の神韻《しんいん》」を解き明かす壮大な哲学ですが、この詳しい内容についてご自身は公にすることはありませんでした。本書はこの第三の組立てにしたがって述べ、さらにその展開までも記してあります。門田先生は、まだ他にも組立てがあると言っておりましたが、「最高道徳」が十言神呪の「道の道」であることは知る由もありませんでした。

廣池博士は、「最高道徳」を『道徳科学』として公にしました。これは人間が「誠」に生きる道を説いていています。しかし、その組立てについては示していません。

不肖ながら私は、「最高道徳」の組立てとして――十言神呪の第四の組立て――を平成十四年八月に賜りました。その時は、V・フランクルの人間の「三層構造論」の解説を読んでいる時でした。これに触発されたのかすぐに出来上り、住江大神に印可をいただきました。今回、「最高道徳」の哲学を記しましたものは、この第四の組立てによるものです。

廣池博士は、「最高道徳」を『道徳科学』の著書の中に微に入り細にわたり記されています。その神授の哲学は実に正確に受け取られており、組立てに則っておられることを本書の中に知っていただくことができます。

私は第四の組立てを記しますが、大学者の廣池博士のご実行とご指導の足跡は私などの遠く及ぶところでなく、永遠に光芒を放つと思っております。その理由は、この「最高道徳」こそは神々の道徳を記したものであるからです。神々の世界の道徳を人間世界に映しとったものです。それが超越道徳、即ち、シュープリム・モラロジーといわれる所以《ゆえん》です。

この十言神呪の啓示される系譜については少し記しておくといいのかもしれません。これはすでに『光る国神霊物語』の解説において述べてありますので簡潔にいたします。

山口起業著『神典採要通解』において「天照は高天原に神留り坐て、……皇《すめ》大神は統《すめ》大神の義なり。（中略）必ず此大神の御名《みな》を称《とな》ふべし」（ルビは著者）と、天照大御神《あまてらすおおみかみ》の御名を称えることを勧めています。これを実践された方は黒住教の教祖・黒住宗忠《くろずみむねただ》大人《うし》です。

続いて『天行居《てんこうきょ》』の友清歓真《ともきよよしさね》大人において初めて「十言の神呪《かじり》」という言葉が出てきます。「アマテラスオホミカミで十言であります。この十言の御神名を幾百千萬回と連続して修誦することでただそれきりのことであります」とあります。

ここには神歌はありませんが、次の『生長の家』を創立された谷口雅春大人において初めて出現します。それは顕字《あじ》神呪、十言神呪の第一の神歌です。

次に現われたのが真澄洞を創立された門田博治先生で、ここにおいて初めて十個の神歌が授かり、十言神呪が完全な形で提唱されました。本書に掲載してある神歌です。神歌を神呪といいますが、この十言神呪には行法である観法がついています。門田先生が伝授された観法のすべてではありませんが『光る国神霊物語』に述べてあります。

門田先生と友清先生との出来事を一つ伝えておきます。門田先生は『生長の家』の講師であり、谷口先生の弟子としてご修行されていました。布教のために福岡から韓国の釜山に渡ろうと船を待っている時、友清先生著書の小さいパンフレットが目に留まり、韓国から帰れば一度お目にかかりたいと願っていました。後日、『天行居』に連絡を入れましたら友清先生はすでにご逝去されていて、面会は叶いませんでした。

戦後、『生長の家』を離れ、浜松に花井先生を頼りました。花井先生は、門田先生と同じ『生長の家』の講師でした。門田先生は遠州灘に海水をかぶり禊《みそぎ》に励んでいました。ある時、部屋の吊り棚の上においた空《から》の茶筒が鳴るという不思議な現象がありました。それが霊界の友清先生からの合図でした。そして、霊的に友清先生から門田先生はご指導をいただかれました。その様子につきましては自身が「喜寿の祝い」の席において詳細に語っております。記録は『門田博治先生の思い出』(自費出版)に掲載してあります。

また、門田先生は、廣池博士と私とを霊的に結びつけてくださいました。その事実を記しておきます。

私が十言神呪の「組立て」のことを知りましたのは、摂津市の松本紘斉先生（故人、『㈱梅丹本舗』社長、『㈶梅研究会』理事長）のお宅でした。松本先生の月並祭、直会を終え、門田先生と床を並べた布団の中でした。組立てを手帳に書いて教えていただきましたが、初めてことで理解できませんでした。

続いては、門田先生と一緒に浜松市の花井先生のお宅を訪れましたが、先年にお亡くなりになられた花井先生の記録の中でした。十言神呪の神授の詳細な記録と共に『光る国神霊物語』がありました。これを再版したものが右に記したものです。これらの記録の中に私は学んできましたが、門田先生は生前においても十言神呪のことについては多くを語りませんでした。弟子の中村隆男氏（故人、『㈱創健社』社長）らは、哲学を書くことを再三にわたり勧めましたが、遂に筆を執ることはありませんでした。

しかし、門田先生は「十言神呪は二十一世紀の宗教である」と、ためらうことなく発言していました。本書を手に取られる方々には、広範な内容ですが、何かに視点を留められれば得るところが多いと思います。また本書の内容は、断片的かもしれませんが、すでにこの人間世界に降ろされ行われているかもしれません。

本書のルーツを記しましたが、不思議に思われる方が多いことと思います。人間世界に奇《く》しびなことがもたらされるには、何らかの神懸かりがあるものです。

門田先生と私は同じ一白水星・酉年の生まれです。先生は「一白の酉年生まれは、本職とは別に裏の仕事をするものだ」と言っておりました。先生も私も人生の後半生を十言神呪の解明に尽くすこととなりました。

本書は、私の乏しいボキャブラリーの中で賜りましたものを基本としております。解釈の誤りもあるかと思いますが、それを恐れず上梓しました。

ここで先にお断りをいたします。私が直接に師事をいたしました門田博治先生は、「門田」と敬称を略し、私が大学卒業から定年退職まで生涯を勤め、その御徳に浸りました廣池千九郎博士（慶応二～昭和十三年）に対しましては、本書におきましても、廣池博士と敬称にて記させていただきます。

最後に、本書の上梓にあたり、勉強会を通して初校からの原稿に目を通していただき貴重なご意見をいただきました門田伸一氏（東大和市、門田先生のご長男）、那須田征司氏（浜松市）、岩﨑智子氏（東京都）、植田陽寛氏（富山市）に謹んで感謝と御礼を申し上げます。

また、㈱宮帯出版社・内舘朋生氏には『光る国神霊物語』に続き、懇切な原稿の校正をいただき終始大変お世話になりました。謹んで御礼を申し上げます。

平成三十年八月二十二日

目次

十言神呪　第三の組立て

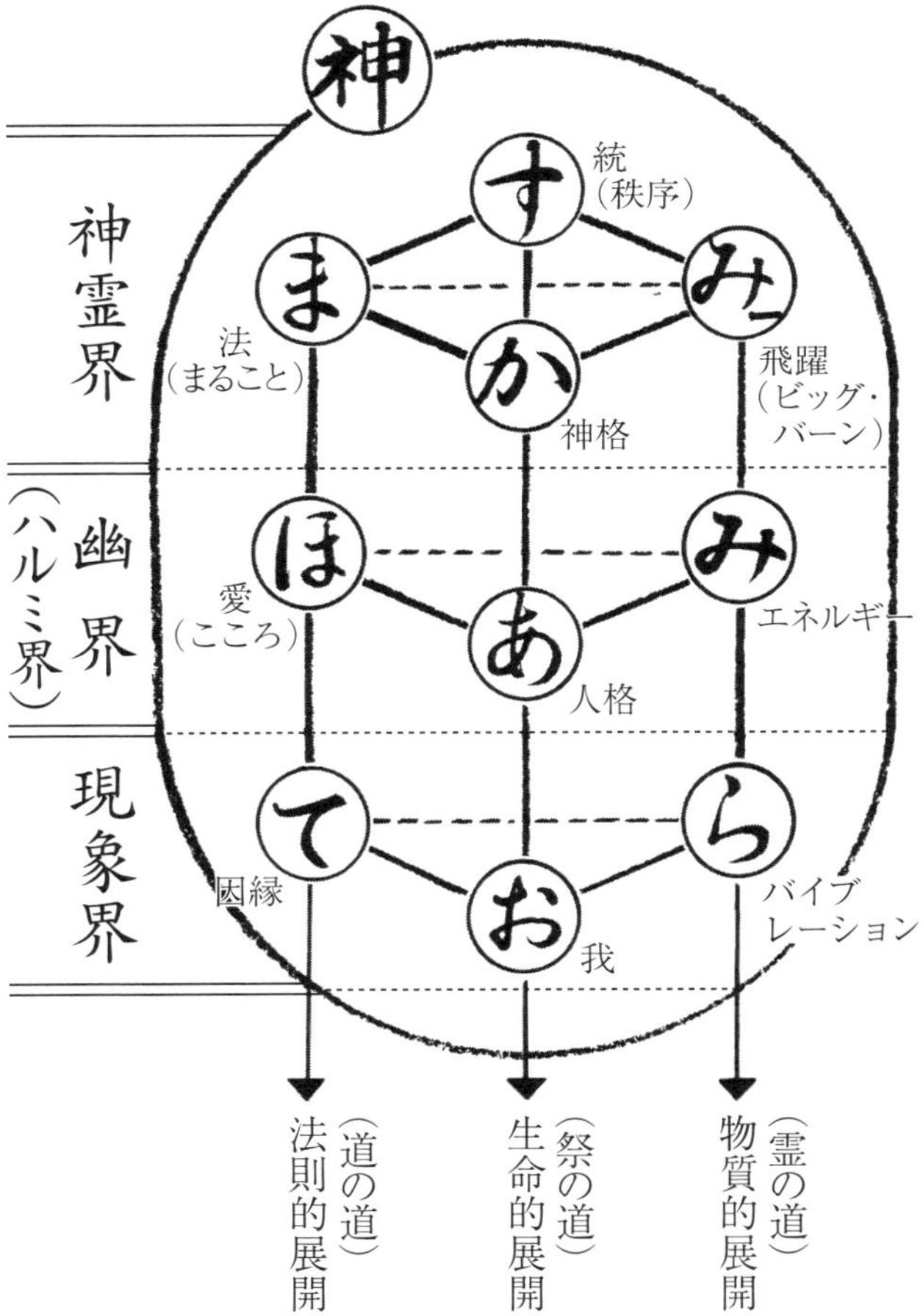
神
神霊界
幽界
（ハルミ界）
現象界
す
統
（秩序）
ま
み
法
（まること）
か
飛躍
（ビッグ・
バーン）
神格
ほ
み
愛
（こころ）
あ
エネルギー
人格
て
ら
因縁
お
バイブ
レーション
我
法則的展開
（道の道）
生命的展開
（祭の道）
物質的展開
（霊の道）

【第一章】はじめに――宇宙の統一者と人間霊界

［二］第一、第二の組立て

門田博治は、十言神呪の組立てを三つ賜っています。

その第一、第二の組立てについて紙数を使わずにその組立ての意味を記します。

〈一〉第一の組立て

「**ア・マ・テ・ラ・ス・オ・ホ・ミ・カ・ミィ**」の十の言霊から始まる神歌は順にひと連なりとなり、最後の**ミィ**の次は最初の**ア**に帰り循環をします。ここでは人間にあてはめて解釈します。前半（**アからス**）は人間の外界（現象界）のこと、後半（**オからミィ**）は内界（肉体）のことです。そこには命《いのち》、五感、心、御心と統（**ス**）があります。

ア＝天照《あまて》らす御親《みおや》の神《かみ》の大調和《みすまる》の　生命射照《いのちいて》らし宇宙静《くにしず》かなり

天照大御神はミスマルの珠を輝かせ万物に命を与え続けています。その大稜威《ミイツ》を賜ることによって宇宙は秩序と調和と統一のとれた平安な世界が実現するのです。人間は万物の一つとして命をいただいていますが、天照大御神の大稜威を射矢に受け、その御心を実現することに努めなければなりません。

マ＝まることは大《おお》きさざめの極《きわ》みなり　まこと開《ひら》きて極みなきなり

大御神より賜った尊い御心の中に誠があります。人間はこの誠を尽くして生きていくことによって、万物と共に秩序と調和と統一のとれた平安な社会を実現することができるのです。しかし、誠は尽くしても尽くしても、尽くし切ることはできないものなのです。

テ＝照《て》る月《つき》の映《うつ》りてまどか池《いけ》にあり　など波風《なみかぜ》に砕《くだ》けけるかも

誠を尽くしきることができないのは、目に映る波風に浮き沈みをする現象の世界を見ているからです。人間は五感に支えられた肉体を持っているが、五感のとらえる世界は真実を写しているものではないのです。人間は五感のとらえる世界でなく、真実の世界を眺めて生きていかねばならないのです。

ラ＝蘭《らん》の香《か》の貴《とうと》かりけるおのがじし　花《はな》も葉《は》も根《ね》もいそしみてあれば

真実の世界を見ることができるならば、陰に隠れて己を支えている存在をはっきりと観ることができるようになります。その隠れた部分にも思いをいたすことによって、人間は秩序と調和と統一のとれた存在となっていきます。ここにすべてが協同的に働き、人間にとって最も貴い薫り（富、品性）を醸し出すようになるのです。

ス＝統《す》ゆみほゆ光かかふるすめろぎの　御代開《みよひら》けてぞ永遠《とわ》に安《やす》けき

蘭の薫りで満ちた貴いものを永遠のものとするためには、さらに高貴なスメロギの命の光の「統」を御心の中に賜らねばなりません。こうして初めて、宇宙の万物は秩序と調和と統一のとれた永遠の世界に生きることができるのです。人間は正しい位置を得ることができるのです。

オ＝大《おお》いなる我悟《われさと》りなばこの身《み》われ　生《な》り成《な》り続《つづ》くは誰《た》が為《ため》にこそ

このように悟る（自覚）することによって真の人間、即ち、大きい我が造られます。ところで、大我を支える肉体がありますが、この肉体がなりなり（完成から完成へと）続くのは、一体誰のためでしょう。自分のためでしょうか。神様のためでしょうか。それとも万物のためでしょうか。

ホ＝ほのぼのと朝霧《あさぎり》の立《た》つ深山路《みやまじ》に　母恋《ははこ》ふ雉子《きぎす》の啼《な》く声愛《かな》しも

雉は深い愛情を持つ鳥といわれています。その雉の子が、どこで迷ったのか、朝霧（肉体）の中に母鳥（神様）を捜し求めて啼いています。人間の心は、神様の御心を知ってか知らずか、肉体という霧に遮られ彷徨《さまよ》っています。愛情の深い母鳥の神様はそれをご覧になられて愛《いと》おしく感じておられます。

ミ＝みそそぎの聖《きよ》き心《こころ》を保《たも》ちてぞ　まことの神《かみ》は顕《あら》はるるなれ

霧を祓うためには、禊を実行しなければなりません。そうすれば、肉体は清浄となり、心は清らかになり、自立心を持つことができます。この清らかな心を持ち続けるならば、誠心《まごころ》が発現し、神様（母鳥）と目合うことができるのです。

カ＝輝《かがや》きは照《て》り徹《とお》らせり天津日《あまつひ》の　奇《くす》しくもあるか優《やさ》しくもあるか

深い霧も晴れわたり、神様と目合うことが叶いました。その誠心には太陽の光が燦々と降りそそがれています。太陽の光は何と神々しく優しくもあるのでしょうか。その光は肉体の内を隅なく照らし温かく安全に身を包みこんでくれます。

ミィ＝見《み》はるかす朝日《あさひ》あまねき碧御空《あおみそら》　星影《ほしかげ》のはや見《み》えずなりけり

朝日が出ると深い闇の中に閉じ込められていたことが嘘のように、空は明るくなり、今まで輝いていた星々はもう見えなくなります。このように肉体が消えると、そこには御心のうちに賜った高貴なスメロギの統の命の光が輝いてきます。こうして内と外の太陽の恵みの中に人間は秩序と調和と統一のとれた生活を営むことができるのです。

〈二〉第二の組立て

この組立ては観法を含めた解釈になっています。前半は、自己を含めた外界に対する哲学（表）。後半は、自己の霊的な内界に対する哲学（裏）です。この考え方が、第四の組立ての「道の道」、即ち道徳論へと引き継がれることになります。［　］の中に観法による極意を述べました。

ア＝天照らす御親の神の大調和の　生命射照らし宇宙静かなり

天照大御神は万物にミスマルの命を授けています。人間も万物の一つとして、命をいただき生存を許されています。人間はこの現世に愛されて存在しているのであって、そこに気づかねばならない。そこには感謝がなければならないのであって、いくら感謝をしても仕尽くすことはないのです。［空観］

マ＝まることは大きさざめの極みなり　まことと開きて極みなきなり

感謝を支えるものに誠があります。誠の世界は実に広大であり、真理と同質のものです。その真理の世界に入ることができない我を発見するのです。それは何が妨げているのでしょうか。何らかの歪みが介在しているからであって、それを正しく直さなければなりません。その道は限りない道のりです。［真理観］

テ＝照る月の映りてまどか池にあり　など波風に砕けけるかも

歪みは真の実在ではありません。真のもの（何物にも影響をうけない絶対的なもの）が存在するのです。それを知らずに、肉体にとらわれた関係で動くことにより、人間関係の歪みの生ずる原因があるのです。この障害も真（実在）のものではなく、いずれは解消するものです。歪みの原因には霊的なものもあります。［（他人の）救済観］

ラ＝蘭の香の貴かりけるおのがじし　花も葉も根もいそしみてあれば

麗しい香り（富、品性）がただようのは、家族をはじめ周囲の人たちのお蔭によるものです。もし、それが実現していないならば、すべての物・者との回復をはかることです。忘れてならないことは、花や葉・茎でなく陰にかくれた「根」です。根に当たるのはこの文化文明を開かれた先人や、陰で支えてくれている方々、ご先祖や神様です。［物心一如観］

ス＝統ゆみほゆ光かかふるすめろぎの　御代開けてぞ永遠に安けき

社会は自分一人で成り立つものではありません。社会に永遠の平安の世界が訪れるには、秩序と調和と統一をもたらす高貴な存在者がいなければなりません。即ち、その実現には、光りかかふるスメロギが出現しなければなりません。そのスメロギの下に秩序と調和と統一のとれた平安な社会が訪れるのです。［天皇］

オ＝大いなる我悟りなばこの身われ　生り成り続くは誰が為にこそ

今、繁栄のもたらされた世界の中にいますが、それは一体誰のお蔭によるものでしょうか。己の存在を突き進めて「大いなる体」の我を悟ったが、それは己の力ではない。己とつながるさまざまな存在に支えられているのです。配偶者、家族、会社の方々、地域社会の方々、国を守る方々、天皇陛下、さらにはご先祖や神様がおられます。それらの方々を掘り起こして、そのご恩に感謝を捧げなければなりません。［祖我一如観］

ホ＝ほのぼのと朝霧の立つ深山路に　母恋ふ雉子の啼く声愛しも

そのこと（思い）が叶わぬ闇、霧の中に母（神様）を捜して悲しんでいる自分を発見します。霧を晴らし、母（神様）と出会うにはどうすればよいのでしょうか。それには神様の立場にたって、「我は全衆生の親、全衆生は子供と思い」、全衆生を救う発願《ほつがん》がいるのです。そこに神様とのご縁（信仰）をいただくことができ、自分を救済する糸口ができるのです。［（自己の）救済観］

ミ＝みそそぎの聖き心を保ちてぞ　まことの神は顕はるるなれ

神様の立場にたって衆生の救済を試みるが簡単なことではありません。禊を実行し、肉体を削りけずり身をそぎ落とす行を実行して、その清浄な心を持続するとき、宇宙（神）の中に融けこむことができるのです。この行を続けるとき、真実の神様とのご縁ができます。［禊］

カ＝輝きは照り徹らせり天津日の　奇しくもあるか優しくもあるか

太陽の光は透明な水を突き抜けるように、その清浄な肉体を貫き徹すのです。肉体は神々しい神の光に包まれていますが、その奇すしき光は人間の中心に鎮まる魂にまで届くものです。そこに神の種が植えつけられ、内なる神が目覚め光り輝くようになるのです。［（太陽との）一体観］

ミィ＝見はるかす朝日あまねき碧御空　星影のはや見えずなりけり

肉体の小さな穴から外の世界を眺めていましたが、人間の内なる魂が光り輝き出すと、その肉体はもはや消え失せてしまいます。肉体は宇宙と渾然一体となり、神様と共にある真の人間が存在します。常住坐臥に大神様の御名を称える生活によって、そのことが持続されるのです。［（神宇宙との）一体観］

門田にもこの第一、第二の組立てはすぐにできましたが、第三の組立てには苦心しました。この第三の組立てに十言神呪の本質があります。

本書の主たるところは、第三の組立てについての解脱です。

［二］人間霊界

宇宙の中には人間、神様、その中間的な存在、また、その他の存在など、人間の眼に認識できるかどうかは別として存在しています。

これらの存在は秩序のない世界に置かれているのではなくて、多くの世界に分かれて存在しています。何らかの縁《ゆかり》のもの同士がグループをつくって存在しています。その世界をいろいろな名前で呼んでいます。神界、霊界、幽界、冥界、極楽、地獄などです。これらの世界はさらに小さく分かれ、それぞれに名称があります。

それぞれの世界は秩序と調和が保たれています。世界の間には連絡網が張り巡らされ通信が飛びかっています。それは宇宙の統一者から発せられたものです。これを詔《みことのり》といいます。この詔によって宇宙の存在者は秩序と調和と統一が保たれています。

しかし、どの世界においてもその秩序と調和のとれた統一世界に対して逆らい、世界を乱そうとする存在があります。これをイナルモノといいます。

宇宙の中の一つの星である地球上には、人間をはじめ多くの生命が存在し生きています。五感・六感を通して見るこの現界こそが唯一の存在世界であると思っておられる方も多いと思います。しかしながら、この現界も宇宙から眺めるならば一つの世界であり、一つの霊的世界をつくっています。この地球世界を「人間霊界」、あるいは、「地球霊界」とも称することとします。

宇宙秩序の中の人間霊界において、人間は、いかに秩序と調和を保ちながら幸福な生活を送ることができるのか。いかに使命を達することができるのか。それらが人間には問われているのです。

この十言神呪はそれらのことを断片的に述べるものではありません。宇宙の中の存在者としての人間の立ち位置を、宇宙の仕組み、宇宙の全体像の中から示し、人間として目的を遂行する方法を述べています。

今も宇宙空間においてはくさぐさの詔が行き交わり、詔のままに宇宙は運航されています。その本質は時間の流れの中において、この宇宙が秩序と調和と統一のとれた世界であることを願うものです。

この詔に対して、地球上の万物はみな受信装置を持っています。目に見える肉体の衣の中に、目に見えぬ霊的なものが存在し、さらにその奥には、神の性、仏の性が存在しています。その霊的なものが詔を受けとっているのです。

人間以外の万物は敏感なものを持っており、この詔に対して正直に己の命《いのち》を保ち、使命を果たそうとして生きています。けれども、肉の衣を着た人間はお粗末な受信装置しか備えていません。その理由はこれから説くことといたしますが、人間は自然界の存在者である多くの動物や草木と共に秩序と調和の世界を目指すべく努力をし、励まなければなりません。

すべての霊的なる存在――人間もその一つです――は、その性質と実体とを、宇宙の統一の神様――神様と申し上げましたけれども、この宇宙を統一しておられる純粋なる存在――に対して同化させねばなりません。それが最終の目標なのです。

しかしながら、イナルモノは、宇宙の純粋なる宇宙統一者に対してまつろうことを拒《こば》みます。性質と実体とを異《こと》にする存在は多く、次々に出現をしています。これは宇宙空間に存在しています。したがって、太陽系のみならず地球霊界においても、宇宙の法則として必然的に地球の上にもかかってくるのです。

イナルモノの最後はどのようになるのでしょうか。それは本体の中に吸収されるのです。一つの存在として在りたいものが、元に吸収され、その存在が消滅されるのです。これがいわゆるタマゲ(魂消)といわれるものです。

純粋なる宇宙の本体と異なるイナルモノは、泡のごとく生まれては消えることを繰り返して存在をしています。その根本的な理由は、この宇宙が膨張しているからです。

このような宇宙空間の中の太陽系であり、その中の一つの星である地球の上に存在するすべての存在は、純粋なる宇宙統一者の下に統一をされねばなりません。地球霊界はこの宇宙の統一者を天御中主命と称しています。『古事記』の中には、天御中主命をはじめ別天つ神の五柱が成られる様を次のように記しています。

天地《あめつち》初めて発《ひら》けし時、高天《たかま》の原に成れる神の名は、天之御中主《あめのみなかぬしの》神。次に高御産巣日《たかみむすひの》神。次に神産巣日《かみむすひの》神。この三柱《みはしら》の神は、みな独神《ひとりかみ》と成りまして、身《み》を隠《かく》したまひき。

次に国稚《くにわか》く浮きし脂《あぶら》の如くして、海月《くらげ》なす漂へる時《とき》、葦牙《あしかび》の如く萌《も》え騰《あが》る物によりて成れる神の名は、宇摩志阿斯訶備比古遅《うましあしかびひこじの》神。次に天之常立《あめのとこたちの》神。この二柱《ふたはしら》の神もまた、独神と成りまして、身を隠したまひき。上《かみ》の件《くだり》の五柱《いつはしら》の神は、別天《ことあま》つ神。

（『古事記』倉野憲司校注、岩波文庫。以下同様旧字体は新字体とした。18頁）

さらに、続いて国之常立神からはじまる神世七代の世界、伊邪那岐命と伊邪那美命の「修《おさ》め理《つく》り固《かた》め成《な》す」、次に、神々の生成の最後において、黄泉国から戻られた伊邪那岐命は禊ぎ祓いを重ねられ、ここに最後の禊において天照大御神が成られました。さらに『古事記』から引用します。

ここに左の御目《みめ》を洗ひたまふ時に、成れる神の名は、天照大御神《あまてらすおほみかみ》。次に右の御目を洗ひたまふ時に、成れる神の名は、月読《つくよみの》命。次に御鼻《みはな》を洗ひたまふ時に、成れる神の名は、建速須佐之男《たけはやすさのをの》命。

この時伊邪那岐命、大《いた》く歓喜《よろこ》びて詔りたまひしく、「吾《あ》は子を生み生みて、生みの終《はて》に三はしらの貴き子を得つ。」とのりたまひて、すなはち御頸珠《みくびたま》の玉の緒《を》もゆらに取りゆらかして、天照大御神に賜ひて詔りたまひしく、「汝命《いましみこと》は、高天《たかま》の原を知《し》らせ。」と事依《ことよ》さして賜ひき。故《かれ》、その御頸珠の名を、御倉板擧之《みくらたなの》神と謂《い》ふ。次に月読命《つくよみのみこと》に詔りたまひしく、「汝命《いましみこと》は、夜《よる》の食国《をすくに》を知らせ。」と事《こと》依《よ》さしき。次に建速須佐之男《たけはやすさのを》命に詔りたまひしく、「汝命《いましみこと》は、海原《うなばら》を知らせ」と事依さしき。

（30～31頁）

このようにして天照大御神は太陽系神界の統一者となられました。大御神は、この太陽系神界の中心の統一者として、純粋なる宇宙の本体と性質をそのままに継承せられ君臨せられておいでになられるわけです。

人間が生まれて百万年になります。ここに神々は、人間がどのようにすれば統一者に近づくことができるかという、努力をしています。

そのために、神々が次に用意されている霊界が幽界の「ハルミ（玻婁彌）の世界」です。幽界は人間世界と神々の世界との間にあり、ここに秩序と調和のとれた世界を作り上げようとしています。そうすれば、この中間世界は神々の世界と行き来ができ、一方でこの人間世界をも見渡すことができるのです。こうして人間を神々が直接に指導するのでなくして、ハルミ――ハルミの世界に住む霊人を、単にハルミとも、ハルミトともいいます――において指導させようとしています。これからの大きな流れであり、もう長くない時期において実現しようとしています。

その魁《さけがき》をしたのが門田でした。墨を磨り新しい筆と障子紙を用意すると、筆がひとりでに動き「玻婁彌」が書かれました。お書きになられたのは富士山権現でした。その書の写真は『門田博治先生の思い出』に掲載してあります。真澄洞はこれを継承し、ハルミの世界がいずれ来ることを予見しております。

[三] 三つの階層の世界

これより、十言神呪「第三の組立て」について説明します。

十言神呪は宇宙の神韻を解いたものです。

十言神呪とは「**ア・マ・テ・ラ・ス・オ・ホ・ミ・カ・ミィ**」から始まる十個の神歌――神歌は神呪《かじり》ともいいます――のことです。さらに、十言神呪の神歌の一つひとつに正しい解釈に導くための観法《かんぽう》がついています。それらを体系として組立てた宗教哲学です。即ち、十言神呪とは十個の神歌、あるいはその神歌を組立てた哲学を称します。

「組立て」(15頁を参照)をご覧ください。

組立ては、縦に右から霊・祭・道の三本の道があり、横に下から現象界・幽界(ハルミ界)・神霊界の三つの霊界があり、それらの九つの交差点にそれぞれ一つの神呪が対応し、さらに、この三本の縦の道を一つに統合する点に一つの神呪があります。

このように十個の点・場所には一つの神呪が対応しています。即ち**ア・マ・テ・ラ・ス・オ・ホ・ミ・カ・ミィ**が配置されています。最後の**ミィ**は、**ミ**と区別をつけるために「ィ」をつけてあります。

それぞれの神呪には主宰神があります。

天之御中主命は**ス**、**ミィ**　天照大御神は**ア**、**カ**　少彦名命は**テ**、**ホ**

住江大神は**マ**、**ミ**　大国主命は**オ**、**ラ**

です。

一番の下の現象界は**テ・オ・ラ**です。この**テ**は少彦名命、**オ・ラ**は大国主命が主宰神の神呪です。即ち、現象界は少彦名命と大国主命が主宰神です。これがまさに『古事記』に出てくる、少彦名命と大国主命との国造りの話になります。

左に古事記よりその所を少し引用しておきます。

故《かれ》、大国主命、出雲の御大《みほ》の御前《みさき》に坐《ま》す時、波の穂《ほ》より天の羅摩船《かがみぶね》に乗りて、鵝《ヒムシ》の皮を内剥《うつはぎ》に剥《は》ぎて衣服《きもの》にして、帰《よ》り来《く》る神ありき。ここにその名を問はせども答へず、また所従《みとも》の諸神《かみ》に問はせども、皆「知らず。」と白《まを》しき。ここに谷蟆《たにくく》白しつらく、「こは崩彦《くえびこ》ぞ必ず知りつらむ。」としつれば、すなはち崩彦を召して問はす時に、「こは神産巣日神《かみむすひの》の御子、少名毘古那神《すくなびこなの》ぞ。」と答へ白しき。故ここに神産巣日の御祖命《みおやの》に白し上げたまへば、答へ告《の》りたまひしく、「こは實《まこと》に我が子ぞ。子の中に、我が手俣《たなまた》より漏《く》きし子ぞ。故、汝《いまし》葦原色許男命と兄弟《あにおと》となりて、その国を作り堅《かた》めよ。」とのりたまひき。故、それより、大穴牟遅と少名毘古那と、二柱の神相並《なら》ばして、この国を作り堅めたまひき。然《さ》て後は、その少名毘古那は、常世国《とこよの》に渡《わた》りましき。故、その少名毘古那を顕《あら》はし白せし謂《い》はゆる崩彦《くえびこ》は、今者《いま》に山田のそほどといふぞ。この神は、足は行かねども、盡《ことごと》に天の下の事を知れる神なり。（53～54頁）

ですから、我々人間がこの現象界において幸せを願うならば、この二柱の大神様の御稜威《みいつ》によらざるを得ないことは当然でしょう。

こうすれば、純粋なる天照大御神と結びつきができるかといえば、そうはならないのです。ですが、この**テ・オ・ラ**をきちっと成就しますと、この現象界において麗しいものが現れる、即ち、麗しい人間の品性としての薫りがただようようになるというのがこの一番下の現象界の話です。

現象界の上の段の幽界（ハルミ界）は**ホ・ア・ミ**です。**ホ**は少彦名命、**ア**は天照大御神、**ミ**は住江大神がそれぞれ主宰神です。天照大御神の両脇に住江大神と少彦名命がおられますが、人間が人間として生きるにはどうしてもこの三柱の大神様が必要になります。**ア**を中心として、**ホ**は外界の歪みを、**ミ**は内界の歪みを、幽界において正されます。現象界の世界において、より神々に近づいた生活をなそうとするためには、この幽界の世界が必要なのです。

現象界には人間が、幽界にはハルミが、神霊界には神々が住んでおられます。神ならざる半透明の肉体を持つハルミは、人間の目に見ることはできません。しかし、ハルミは人間を見透すことができます。そして、人間にさまざまな行動を指示することができるのです。しかし、ハルミは神のような完全なる存在ではありません。そこに、神霊界が必要になるのです。

幽界の上の段は神霊界の**マ・カ・ミィ**です。**カ**は天照大御神、**マ**は住江大神、そして**ミィ**は天之御中主命の純粋なる世界です。**カ**は**ア**と同じ天照大御神が主宰神ですが、異なるお働きをします。神霊界の神々は天照大御神の大御心のままに活動されています。神々は個性を持ちながらも、天照大御神と相即相入《そうそくそうにゅう》——一切が対立せずに融け合い、影響し合っている関係——をすることができ、その姿は天照大御神の一柱の神様しか存在しないかのような、統一のとれた純粋の世界です。

その上の三本の縦の筋の合流する**ス**は天之御中主命が主宰神です。ここより宇宙空間のすべてに対して大詔が発せられています。この大詔は神霊界、幽界、現象界のすべてに鳴り響いているものです。太陽系においては、天照大御神が受けとられ、再びそれを太陽系に対して出されています。くさぐさの手立てを使って現象界の人間霊界にも伝わっています。

　ここで少しつけ加えておきます。この現象界の**テ・オ・ラ**という世界の下に、土台として肉体を持った人間の世界を置いて考えるとわかりやすいでしょう。肉体人間の感覚の上に、**テ・オ・ラ**という霊的な現象界の存在があると考えます。即ち、現世に生きる肉体人間を支配し、いろいろな歪みを正されるのが現象界の神々です。

　人間の中には、霊的な世界即ち死後の世界を認めることができず、死んでしまえば何も残らないと考える方もいます。しかし、人間が自覚をすると否とにかかわらず、事実として死後の生活があり、神々のお働きはあるのです。人間が真の人間として幸福を得、使命を果たすためには、これらの神霊界の神々の世界に生きることが必要なのです。

　十言神呪の組立てについて、簡単に記しました。

［四］神に至る三つの道

　十言神呪の組立ては上の段から**ス**、神霊界が**マ・カ・ミイ**、幽界が**ホ・ア・ミ**、一番下の現象界が**テ・オ・ラ**です。前回は水平に考察をしました。

　今度は縦に考察します。この三つの階層を貫き最高点**ス**で一点に集まる三本の縦の道筋がありま す。三つの道筋は**ス**に昇るそれぞれの方法に違いがあり、また、道筋は階層の違いによって何らかのレベルの違いがあります。

下から登ります。ここでは必ず**オ**から出発します。右が**オ・ラ・ミ・ミィ・ス**、これは創造（物質）的展開で「霊の道」です。真ん中は、**オ・ア・カ・ス**と続き、生命的展開で「祭の道」です。左の**オ・テ・ホ・マ・ス**とあるのは法則的展開で「道の道」です。これらの「霊の道」「祭の道」「道の道」をまとめると霊祭道になります。

ここで「霊」「祭」「道」の言葉を簡単に記しておきます。これは人間が神にまで進化向上するための三本の道、即ち三つの方法のことです。

「霊」といっているのは霊行のことです。霊行にはいろいろあります。水を被ったり、瀧に打たれたり、断食をしたり、坐禅を組んだり、あるいは真言を称えたりするものです。やむにやまれぬ精神的状態から脱しようとするものでしょう。けれども、正しい神様につながり導いていただかなければ危険です。己の霊性を磨くものです。

「祭」は祭祀のことです。これは大神様をお祭り申し上げることです。商売繁盛のために、病気を治すために、利益を得るためになどと、自分のためになる神様であれば何でもいいから信仰してお祭りをする。そういう祭りをさしているものではありません。己の霊性を高めるための正しい神様につながる祭祀です。

「道」というのは、普通に使われる意味の道徳ということです。己の頭の中の理性という神の判断で進むことが合理的であると思う方も多くなりました。人の道を踏むには聖人・神様を手本に知恵を借りて歩まなければなりません。

（二）生命的展開の「祭の道」です。

「祭」とは祭祀、祭典のことです。神々と祭り合いをすることです。下から**オ・ア・カ・ス**と上がります。祭祀により神々との結びつきが強くなります。

人間の誕生は**オ**にあり、この現象界をしろしめします大国主命の御依差《みよさ》しによります。ですから、大国主命の大神様を信仰し祭祀することによって、己の確立をはからねばなりません。大国主命をお祭り申し上げることによって一番最初の祭りが成就するのです。

また、それぞれの土地に鎮まります氏神様は、大国主命の御依差しのままにお働きになっておられます。ですから、大国主命に併せて氏神様を御祭り申し上げねば、正しい大国主命の大神様を信仰することになりません。大国主命と氏神様とを一緒にしてお祭りします。――現代は、真の氏神様を知ることは難しくなりましたが、自分の住まいする土地の氏神様の信仰により、いずれは目合うことができます。

次に、**ア**の天照大御神を信仰せねばなりません。さらにその上にお働きが少し異なりますが、**カ**として同じ天照大御神がおられます。天照大御神への信仰は、人間の心を豊かにしてくれ、また、愛、慈しみの源泉です。人間のなかに深くひそむ霊性とつながっている最も大切な存在です。詳しくは次第に明らかになりましょう。

この三段階に連らなる「祭の道」の大国主命、天照大御神に対する信仰は、己を正しく導くための信仰です。これを「真澄信仰」といいます。

この組立ての中の五柱の主宰神をそれぞれ真澄神と申し上げ、総称して「真澄大神」と申し上げます。真澄大神を信仰することにより、人間がこの現世――人間霊界――に誕生した意義を悟ることができ、その使命を全うする礎ができます。ですから、この真澄信仰が本当の信仰になり、基本的な信仰になるのです。皆様には縁の神様や仏様がございましょうけれども、それだけではその神仏の世界に留まります。真澄信仰については後に詳しく述べてあります。

大国主命――併せて氏神様――と一緒に天照大御神のお札を納めることが基本的なことです。

さらに、お札を納める形から進歩した祭祀を行います。祭祀は神様と己が互いに「祭り合う」――真釣り合う――ことにあります。祭り合うには、月々の祭典である月並祭（月例祭）をすることです。誕生日を年大祭とし、誕生日と同じ日を月並祭とします。正しい信仰によって祭り合いをすることによって、その信仰が**ア**、その上の奥なる**カ**の天照大御神、さらに、**ス**に届くのです。

同時に、真澄信仰により**ス**より発せられた詔を賜うことができます。上津彼方の**ス**より伝達された詔が天照大御神朝廷に届き、それが大国主命の朝廷（ナナヤの宮）に届き、それを人間が賜ります。ここに人間は与えられた使命を果たすことができるようになります。

使命を果たすことによって、人間は霊体を磨くことができ、向上の道を歩むことができ、ついには、人間はこの天照大御神と同じような霊体を持つことができます。こういう**ス**に統一しなければならない使命を人間は荷っているのです。

また、使命を果たすために、霊体を磨かせられることもあります。

これが「祭の道」として人間がこの現世の中において祭り事をしなければならぬ理由です。同時に、霊的な行を実行することによって、これを次第に成就することができるようになります。

（二）創造（物質）的展開の「霊の道」です。

「霊」とは霊的な行のことです。下から**オ・ラ・ミ・ミィ・ス**と上がっていきます。すべて**オ**から出発します。

霊行とは、先に述べたように水を被ったり、断食をしたりすることもありますが、これで行が成就するものではありません。現象界における清々しさで終わってしまいます。これはまた神様の導きがなければ危険でさえあります。霊行は信仰、即ち祭祀と表裏一体のものでなければなりません。ですから、霊と祭は一緒に啓示されたものと思われます。

（一）において祭について述べましたが、同様に祭祀を完全にするには霊行が必要です。祭祀にかかわる人には、不浄を避けるための荒忌《あらい》みとか真忌《まい》みのような物忌みがありますが、これは霊行です。祭祀と霊行を合わせて執行することによって「祭」が成就します。即ち、霊と祭によって真の祭り合いが成就します。

現象界にある**オ**に続く**ラ**の神呪は、霊行の出発点です。**オ**と**ラ**の社会生活にはくさぐさのことが生起します。家庭内のこと、会社の中のこと、人間関係のことなどさまざまなことがあります。それは己の周りに起きることですが、己のこととしてとらえることが第一歩です。じっと己の来し方を内省《ないせい》することにあります。

どのような内省をすることでしょうか。大国主命より遣わされた御方々のお世話によって、この現世で楽しく生活をさせていただいている今の自分があります。そして、先人によって造られた文化文明を享受しています。ご先祖、両親、配偶者、子供たちがいます。それらの方々に感謝をすることから霊行の**ラ**が始まります。これによって、おのずから人間としての品性が備わってきます。これがご恩を返すという霊行の始まりなのです。同時に、物質的な実りに恵まれるようになります。

しかし、何の苦労のない方もいますが、現象界の実りの満足はいつまでも続くものではありません。人生には浮き沈みがあり、悩みや苦労がつきまといます。

人間関係の中に因縁を自覚し、人間生活を真に生きるにはどうすればいいのか、道を探すことになります。あるいは祭祀を行い、あるいは鎮魂を行ってその道を探すことになります。ここに真の「霊の道」としての**ミ**があります。住江大神は禊の神様です。同時に、真理の神様でもあります。

人間はこの世に生まれてくさぐさの因縁を落とす道に進むことになります。どうしても人間が背負わねばならぬものです。住江大神に出会うことにより、因縁を落とし――解脱をし――、さらなる真理の道に進むことができるようになるのです。

祭祀と霊行を同時に行うことにより、次第に麗しい蘭の薫がただよい、霊的に整ってまいります。

さらに、その霊行による麗しい薫りは遂に、神々と一体の世界**ミィ**にまで突き進みます。人間が神と共に生きる世界に入ります。人間は神様のご命令のままに動くことができるようになります。孔子の「己の欲するところに従って矩を超えず」という世界です。まさに、神様と共に歩む世界、それがこの**ミィ**字の神呪です。弘法大師の四十八カ所参りのお遍路の道を歩む「同行二人」はこの**ミィ**字の神呪を実行するものと言うこともできましょう。ここに、人間の最高の品性の薫りがただようようになります。

(三) 法則的展開の「道の道」です。

「道徳」の道ということです。下から**オ・テ・ホ・マ・ス**と上がっていきます。

今日の文化文明を拓かれた孔子、釈迦、キリスト、ソクラテスなどの聖人がいます。また、聖人から道徳・哲学を学んで時代を導かれた立派な御方々が多勢おいでになられます。これらの偉大な方々がまったく信仰や行をなさらなかったことはないと思います。信仰や行を主とせずとも、己を律することによって道徳的にその身を正し、道を歩まれたと思います。

この宇宙の森羅万象の現象を眺め、これを自然法則と同じように、思想的に体系づけたものが人の道です。人はこの現象の世界において金銭的な幸福、家族の幸福、身体的な安心幸福、あるいは名誉という幸福を願うことでしょう。解脱を、極楽浄土を、あるいは、仁恕を踏むことができるようになりたいと思う方もいましょう。しかしながら、道徳の道は、それぞれの国や時代を生きた法則や経験に裏付けられていれば、道を説く御方々によってその色彩が異なることは言うまでもありません。

宇宙の法則から人間が見つけ出した人の道は、このように多くの内容があり、それらの中には違いや歪みがあります。この違いのままに人間が引きずられては、人間の使命を果たすことができません。人間がこの世に誕生することは意味があります。現世は業因縁が吹き荒れています。その只中に、そのままただようことは人間として苦しいことです。人生に対して積極的にかかわり、業因縁を消去して生きていかねばなりません。そのために、人生の中に本当の秩序と調和をもたらすために、少彦名命のお力を必要とします。

この現象界の**テ**の主祭神は少彦名命です。**テ**の上の幽界の**ホ**も少彦名命が主宰神です。何故にこの法則的展開の中に歪みを正す少彦名命の神呪が二つも入っているのでしょうか。これには重大な意味があります。

法則的な道を通して幽界（ハルミ界）にある**ホ**に通じますが、**ホ**は愛です。**テ**の道徳としての愛や慈悲を説くには思想や人間性から出る歪みが含まれています。その歪みを正されるのが少彦名命なのです。そうして次第に高度な純粋な愛・慈悲の世界に入っていくことができるのです。

その高度な愛・慈悲をより澄ませるにはさらに真理が必要になります。真の道徳には真理をお運びいただくところの**マ**、即ち、住江大神のお力がなければなりません。道を尽くして愛・慈悲の道を歩もうとしても、正しい神様の世界の**マ**には遠いのです。それが人間知と神知との違いです。人間知でない真の真理、神知を賜るには神霊界の**マ**の中に入らなければなりません。それには信仰が必要です。これが「道徳の極限は信仰である」といわれる由縁です。真澄信仰によって、住江大神を通して真理が届き、真の愛と慈悲を得て、**ス**に到ることができるのです。

ここに真の道徳の道、**オ・テ・ホ・マ・ス**が完成します。

門田は霊祭道の「霊の道」と「祭の道」を授かりましたが、「道の道」は授かりませんでした。「道の道」は法学博士として大成しながらも宗教の世界に入られた廣池千九郎博士でした。それは十言神呪の第三の組立てではなく、「第四の組立て」によるものです。それを「最高道徳」として完成されました。その哲学については後篇においてお伝えをいたします。

霊祭道の三本の道のいずれかを通れば、**ス**（統）に至ることができることを述べました。即ち、神に至ることができるのです。そこに最高品性を賜ることができるのです。

ここには人間の霊的構造を使わずに説明してみました。霊的なことを考察に加えればさらに理解が深まることと考えます。

【第二章】人間の行動

前章では、十言神呪の組立ての持つ哲学を述べました。十言神呪の組立ての「鏡」――組立てを単に鏡とも表現することがあります――を通して、宇宙の構造、あるいは神々のお働きの世界、それらに対する人間の位置、人間の進化向上の道を示しました。

ところでこの組立ては、一人ひとりの人間に対してだけでなく、思想、哲学に対しても付随しているものです。それにとどまらず会社、団体、国に対しても、また、一本の草や木、草々木々にも付随します。

人間、思想、哲学にはそれぞれの考え方があり、十個の神呪のすべてに対して深い理解を持っているとは限りません。理解を持っていたとしても、それぞれの神呪に対して価値の軽重がありま す。また、神呪が抜けたり、歪んだ組立てを持っているでしょう。それが人間、思想、哲学の個性をもたらしています。それらのことを十言神呪という「正しい鏡」に映して見ることによって、価値を置くところ、考え方を知ることができます。

さてそこで、次のような問題が考えられます。

第一の問題は、正しい組立てにおいて、神呪を入れ替えるとどうなるか。

第二の問題は、正しい組立ての中の何かが抜ける(欠ける)とどうなるか。

第三の問題は、極端なことですが十個の神呪――人間の中心として、オは動かないのですが――のすべてがバラバラに配置されていればどうなるか。

第四の問題は、神呪の重複です。同じものが何カ所かに現われるとどうなるか。

このような問題がありますが、人間にあてはめて、第一、第二の問題に対して考えてみます。人間によっていろいろな鏡の存在が考えられます。その考え方を理解していなければ、相手に対して正しい対応をすることができません。また、それだけでは終わらずに、人間関係に応用する方法を次の章で考えたいと思います。

［一］神呪の位置の変更

まず、神様の位の順序について説明をしておきます。高い方から、天御中主命、天照大御神、少彦名命、住江大神、大国主命の順です。上の四柱の神様は天津神、最後の大国主命だけが国津神です。この神様の順位を知ることは、これからの考えで大変重要なことです。

門田は「十言神呪によって、すべての神様は同じでなく、神様のお働きを明らかに示すことができた」と言っていました。

第一の問題です。

例えば、幽界において、左から**ホ**・**ア**・**ミ**となっていますが、**ホ**と**ア**の交替が起きていたとしましょう。すると、生命的展開では上に向かって大国主命（**オ**）、少彦名命（**ホ**）、天照大御神（**カ**）になります。法則的展開では少彦名命（**テ**）、天照大御神（**ア**）、住江大神（**マ**）になりです。

生命的展開は**オ・ホ・カ**、これは神様の位の順序からいってないことはありません。しかし、少彦名命のお働き――この神様は名前の少ない人生、裏側から支えることを使命としております。それは、古事記の中においてもご活躍の様は多く示されていないことからもわかります――からいって、控え目な**ホ**（愛）になります。**オ**の働きが強くなり、霊性上で少し本質をはずしています。

法則的展開は**オ・テ・ア・マ**の順になります。神呪の持つ神様のお働きからして、**テ**の少彦名命の上に**ア**の天照大御神がある。これは順番として順当です。しかしその上に、**マ**の住江大神があるということは、**ア**までは順当ですが、この**マ**を突き抜けるには厳しいものがあります。同時に、**ア**はすべてにおいて秩序的・法則的にもお働きになられますが、普遍的な愛であり苦しい人間を支える働きとしては弱さがあります。創造的展開はそのままです。

次に例えば、正しい組立てから、**ア**と**ミ**が替わるとどうなりましょう。

生命的展開は**オ・ミ・カ**、大国主命、住江大神、天照大御神です。創造的展開は**ラ・ア・ミイ**、大国主命、天照大御神、天御中主命です。共に神様の順序としては正しいものです。

生命的展開では、**オ**の上に**ミ**という正直、清廉潔白なものが入りますので、清浄な静かな、あるいは正義感の強い生活となりましょう。

創造的展開は正しくは**オ**から始まりますので、下から**オ・ラ・ア・ミィ**となります。正しい生命的展開的の**オ・ア・カ**との違いをみると、**オ**と**ア**の間に**ラ**があります。これは行の方法が、真理行の**ミ**ではなく愛行の**ラ**を経由して**ア**に至ることから、犠牲的な愛の生活になるように思われます。

幽界の間の交替を考えましたが、今度は現象界の**テ**と、幽界の**ア**との交替を考えます。法則的展開的は**オ・ア・ホ・マ**。生命的展開は**オ・テ・カ**となります。前者は神様の順位を乱しますので少ないといえます。もしあれば、現象界において、己の人格と強い結びつきにおいて人を愛するので、お人好しの性格のように思われます。

後者は神様の順位から考えれば、あり得ます。しかし、**テ**という矯正的なことが、幽界において行われることにより内省的な性格が考えられます。

このようにしてその下から現象界、幽界、神霊界という階層のもとにおいて、その神様の順位とお働きを考えて、それが正しく行われるかどうかを判断します。また、現象界にあるか、幽界にあるかの違いは人間の外的な動きになるか、内的な動きになるかの違いになります。

[二] 神呪の欠け

一番下の段の現象界における**オ**がなくなることは決してありません。人間が存在する限りつねに**オ**を持った生活をします。ですから、**オ**というまったく一個の世界においては、現象界の人間関係は少なく、孤立した世界に陥り、自暴自棄に陥りやすくなりましょう。

オと**ラ**だけの世界は、これは孤独ではありません。あらゆることに対して、仲間は大切にするかもしれませんが、狭い世界での生活になります。そして、**テ**がなければ人の言葉を修正して聞くことができず、反省のない粗暴な生活といえます。

また、この一番下の世界だけしか持たぬ人は、例えば、死後はすべてが消えてしまい、人間の霊魂のようなものは何も残らないという、現実主義者といえるかもしれません。

それでは、**オ**と**ア**だけの世界はどうなるでしょう。己をしっかりと保ち、愛のある精神的な生活を送りましょう。この思想・哲学は多くあります。しかし、己を支えるものとしての信仰を持たねば相手への対応において苦しいかもしれません。

さらに、**オ**に対して、上の幽界**ホ**・**ア**・**ミ**の三つが具わっていればどのようになるでしょうか。これは現界の**テ**が存在しないので、ものごとを幽界の**ホ**において修正をしなければならない。また、**ミ**の法則的に従わねばならない。これらは本人の持っている霊的なものの進化の度合いにより違いがありますが、つき合いが少なく内省的な生活でしょうか。

この世のほとんどの方は、現象界と幽界の二つの世界で生きておられる方と思われます。敬神崇祖の立派な生活を送っておられる方であっても、敬神だけでなく信仰の神霊界を取り入れた人生を送ることが最高の人生と思います。しかし、この神霊界を取り入れた生活は、その方を外から眺めるだけでは理解できないでしょう。

次に例えば、この中の何か一つが欠けていたといたしましょう。生命的展開における幽界の**ア**が存在しない組立てにおいては、創造的・法則的に生きることになります。心の中に神のような愛でなく、自己規制の強い頑固な生活を送るのでしょうか。

また、**ミ**のない方には、霊的な行に対する理解が少ないと思われます。

今、人間の性格を、組立ての中に見ることを伝えています。

思想・哲学の解釈においてもその中に存在する神呪を正しい組立ての中に見つければ、何を語ろうとしているのかがわかります。例えば、下から**オ**・**ア**・(**カ**はなし)とあれば、生命的な展開を説いた哲学の一部であることがわかります。もちろん、その他のことにも少しは触れていることもありましょう。けれども、正しい組立ての中から、思想・哲学にある神呪を拾っていけばその哲学が何を目指しているのかがわかります。

このように、森羅万象に対しても、人間の性格に対してもくさぐさの思想・哲学に対しても、この十言神呪の組立てを当てはめることができます。

逆に、みずからの胸襟を開く場合には、すべての世界に行き渡った調和のとれたものでなければならないのです。鏡に照らしあわせて考えてください。

[三] 鏡と鏡

人間——思想哲学など——一人ひとり個性を持ち、それが組立て(鏡)の中に現れています。個性に応じて、神呪はいろいろに配置されますが、配置されない場合もあり、重なって配置される場合もあります。逆に、鏡は人間の個性を現しているともいえます。この個性は人それぞれで実に千差万別です。

そこでいよいよ、人間と人間とのかかわり合いを考えます。鏡と鏡の交渉が生じます。

その際に、十言神呪が正しく配置されている、即ち、正しい鏡になっている人間同士の人間関係は円満であるといえます。

また、同じ環境で育った者は似たような鏡を持っているでしょう。それでも兄弟姉妹で違います。しかし、完全な鏡を持っている人間はいないといってもいいので、違っているのが当然でありましょう。

そこで、次の問題が生じます。人間と人間、即ち鏡と鏡との関係です。

その際に、組立ての同じ位置において、神呪と神呪の接触――あるいは衝突――が生じます。この神呪の接触の問題を考えます。そこでの二人の神呪は同じであるか、異なるかのどちらかです。この接触は二人だけでなく、三人の間、あるいは大勢の中においても生じます。

二つの接触の問題を考えます。一つの位置における二つの神呪には優位性があります。三つの場合においても優位性の問題は現れ、優位のもの、次のもの、最下位のものとなります。大勢の場合も同じです。

二つの神呪のどちらが優位であるかを説明しますが、その前にこういう問題がどこから生じてくるのかを説明しなければなりません。すべての人間は個性というそれぞれ異なった鏡を持っています。この鏡を正しい組立ての鏡にまで進化向上させねばならぬからです。客観的な存在にまで進まねばならない。この霊祭道の道を歩むことによって、それが次第に修正され正しい鏡になっていきます。それでも個性がなくなることはありません。なぜなら、神様にはお働きの違いがあり、明神様にも個性があるのです。事実が示しています。

その意味で、一人ひとりの人間は進むべき正しい解を荷っているともいえましょう。ですから、すべての人の進む道は異なるのです。すべての人が同じ正しい組立てを持つならば、秩序と調和のとれた統一のある世界、黄金世界が現出します。しかし残念ながら一人ひとりの人間に対して付いている鏡はみんな違っているのです。ですから、人間関係にくさぐさの不調が生じるわけです。

さて、互いに異なる組立て（鏡）を持つ人間が、お互いに交渉し向き合うならばどのようなことが起きるか。

例えば、AとBの二人の接点を調べます。**オ**の上の同じ位置に**ア**があれば、二人の関係は睦ましい精神性のある円満な状況といえます。ところが、Aは**オ**の上に**ア**があり、相手のBには**ア**のところに**ラ**があるとします。そうすると、**ア**と**ラ**が接触することになります。どういうことが起きるのか、人間関係を観る上の原則を示します。

その際の原理は、**現象界に近い神呪ほど強い**ものと考えます。**ラ**は現象界に存在し、**ア**は幽界に存在しますので、下にある**ラ**を持っている相手のBが強力になります。**ア**のAはつねに相手に対して同情し愛・慈悲を与え、愛他的行動をとり一歩身を引くこととなります。これが対人関係を眺める場合の大変重要な考え方になります。

次に、Aの神霊界の**マ**の位置に相手のBは幽界の**ミ**であったとします。すると相手は下の位置にある**ミ**ですので、強いエネルギーを持って力強く法則的に働きかけてきます。**マ**と**ミ**では同じ住江大神ですが、Ａの方がミのように法則的に対応することを心がけねばならぬことになります。相手の力が強いですから、衝突を避けるためには法則的に生きみずからを守るのです。

こうして、二つの神呪が接触するときには、一つひとつのことを考えて相手を見ながら対応しなければならないのです。これがＡにとっては、相手の人間Ｂがどのような組立て（鏡）を持っているのか知らなければならない理由です。このことが「感化」ということを考える際に大事になります。

次に、三つの道筋の場合においてどの筋が強いのかを考えます。

三つの層の関係においては下にあるものがより強いと申しました。**縦の三つの線においては、左の法則的展開の「道の道」が一番強く、その次が右の創造的展開の「霊の道」であり、真ん中の生命的展開の「祭の道」は最も弱い**のです。即ち、道が一番、霊が二番、祭が三番です。

次に、ある位置において神呪の存在する者と存在しない者、二人とも神呪が存在しないという場合もあります。神呪の無いもの同士は接触を持つことがありません。神呪を持つ者とない者とでは持つ者の方が本来的には弱いのです。神呪のない者はどのようにも行動をすることができ、相手に対して力強く向かってくるからです。

ですから、**無と無の間には接触は無い**のです。**ある者と無い者との間の接触は無い方が強い**のです。これが接触の原則です。このように接触を見てください。

このように一人ひとりの人間に十言神呪の組立てという鏡が付いていることは興味深いことです。この十言神呪の組立てはさまざまなことに使えるのです。一柱の神様に対しても使えるし、一人ひとりの人間がどのようなものを持っているのかも観ることができます。また、自分と相手との交渉の問題に対しても使うことができます。

三人の接触も同様に考えます。こうして十言神呪は、人と人との関係において使うことができるというまことに興味深い一つの考え方を提供するものです。

《十言神呪の接触の優位性について》――生き方と感化の原理――

1. 人間には、十言神呪の正しい組立て（鏡）が備わっている
人間には、生れつき、十言神呪の組立てが違っている
すべての人間が正解を持つならば秩序と調和と統一の世界（黄金世界）が現出する
自分の鏡と相手の鏡とを照らし合わす

2. 神呪の強弱

①三つの層の関係においては、下にあるものがより強い

②縦の三本の線では、道（法則的）が一番、霊（創造的）が二番、祭（生命的）が三番

③ある人と無い人との間には、無い人の方が強い

④無い人と無い人の間には、接触が無い

3. 例

①**ア**と**ラ**とがぶっつかると、下にある**ラ**の人が強力で、**ア**の人は相手に同情し愛・慈悲をおこし一歩身を引くこととなる

②**マ**と**ミ**では同じ住江大神ですが、下にある**ミ**が強い。**ミ**はエネルギーというものを持って力強く押し込むので、**マ**は法則的に生きることを心がけねばならない。相手の力が強いのでそれを避け、みずからを守るためにはそのように生きねばならない

③**ミ**（エネルギー）と**ホ**（愛）とでは、**ホ**が強い

4. 神呪の強弱（数字の小さいものが強い）

8（**ミィ**）　5（**ミ**）　2（**ラ**）

10（**ス**）　9（**カ**）　6（**ア**）　3（**オ**）

7（マ）　4（ホ）　1（テ）

5. 強い者に合わせて生きる

【第三章】十言神呪の解説——今一つのキーワード

［一］顕字（ア字）神呪

これからは十言神呪の組立て（鏡）の中の神呪の持つ意味を今少し説明していきます。

第一章［一］において、十言神呪・第一の組立て、第二の組立てにおいても簡単に説明をいたしましたが、さらに加えます。それぞれの神呪の中に――神呪というのは神歌《かむうた》のことですが――隠されたものがあります。

それは、表面的な解釈はできますが、神呪の中には秘められた本質があり、それをキーワードとしてあります。キーワードを辿ることによって本質に近づくことができます。その核心は観法《かんぽう》――神呪には観法が付随しています――によって体験することができます。これが真に重要なものといえましょう。

ア字の神呪にはア字の観法があります。その観法を行ずることによって、キーワードをおのずと会得することができるようになっています。観法は、その深浅に応じて得るところがあるものです。緩やかながら徐々に変化が現れてきます。薄皮を剥ぐがごとくに次第にその本質が実行者の上に現れます。それが観法、即ち観法《みのり》の有意義なところです。

十言神呪の第一は顕字（以下ア字）神呪です。「天照らす御親の神の大調和の　生命射照らし宇宙静かなり」です。門田はこれを「人格」としてとらえキーワードとしました。

続いて、マ字「法則」、テ字「因縁」、ラ字「バイブレーション」、ス字「秩序」、オ字「我」、ホ字「愛」、ミ字「エネルギー」、カ字「神格」、ミィ字「ビッグバン」とあるのは、門田が会得したキーワードです。キーワードの意味をたどりながら、さらにつけ加えたいと思います。

門田の『(増補)無為庵独語』より神歌の解釈を少し引用します。(以下同様です。片カナのルビは著者のものです)

天照大御神の尊貴なる御生命《ミイノチ》は、地球、太陽系、銀河系、宇宙、大宇宙の全宇宙に遍ねく、時空を貫いて、恰《アタカ》も、無数の射矢の如く放射され、事物をはじめ森羅万象に生命を与えて居る。その本質は「みすまる」であり、大調和であり、その相は麗しい平和そのものである。

天照大御神が主宰神のこの神呪は、天照大御神朝廷より、天照大御神の奇すしき大詔がすべての人間に送られていることを述べています。人間ばかりでなく、この宇宙、太陽系に存在するすべてのものに送られています。その大詔をしっかりと受け止めることが人格の基《もとい》であるというのです。すべての人間にはそういう諸々の詔を正しくいただける受信装置が備わっているのですけれども、それが歪んでいたり、曇っていては正しく受け取ることができない。ここに人間が人間としての悲しい運命《さだめ》があります。そこで正しく神様の詔を賜う方法の第一歩が十言神呪のア字観法として示されているのです。

この十言神呪のうちのア字神呪一つでもって『生長の家』が拓かれ、時代を導きました。多くの立派な門弟を育てられ、それらの方々から正位の明神が生まれました。この十言神呪を神界からくだされた明神は、門田と花井の「生長の家」時代の友人や弟子たちでした。十言神呪の開示される様子は『光る国神霊物語』や『ナナヤの宮参宮記』に記してあります。「生長の家」を拓かれた谷口雅春先生には『生命の実相』という大部のご著書があります。

十言神呪の哲学は、十個の神呪を組織的、体系的に組立てています。これを学ぶことによって正位の明神位につかれるような人間が誕生されることを願っています。

さて、このア字神呪は「ミスマルの珠」のことを述べています。人間は人間として生まれる尊厳として天照大御神よりミスマルの珠を与えられています。このミスマルの珠を人間の中で捧持するのが直霊《なおひ》、即ちフタです。

門田が授かった『法絲帖』の中に次のような記述があります。「大詔発せられて光音宇宙の辺際にとどろき渡る。フタ　フタ　カ　ムユ　ケ。たちまち七色の麗光に輝くミスマルの珠授けられたり。あたかも蜘蛛《ちしゅ》の如く無尽無数の法絲を出すなり」

そのミスマルの珠の光を落とさぬように、輝きを増すようにと、この地球神界において人間にお祈りを捧げておられる神様が宗像の大神様です。大神様が人間を祈ってくださっておられるのです。ですから、宗像の大神様への信仰は己のミスマルの珠、即ちそれを包むところのフタの輝きを増すために大きい力になります。人間が人間として存在し、フタの輝きを増す上において極めて重要なことです。神様が人間を祈っておられるという、信仰の大切さを知ってください。

このミスマルの珠と申しますのは高貴なる輝きです。こんこんと湧き上がる愛の源はここにあります。それ故に、ア字神呪のキーワードを「人格」としているわけです。

人間が人格を保つのはまさしくこのミスマルの珠に存在します。ですから、ミスマルの珠を授かりながらも詔を正しく受け取ることのできぬ方は、詔のままに人生を歩むことができないという意味において、苦難を伴うことがあります。

今、ア字神呪の幽《かす》かなところから述べました。これを人間と人間との関係として眺めるとおわかりになります。人間としてどのように在らねばならぬか。それが人格の基になります。人格なきところに人間は存在することはできませぬ。

それではこのア字神呪において、「人格」の他の今一つのキーワードは何でしょうか。それは「平等」です。無私の愛、平等の愛、公平な愛です。ですから、ア字の観法を行じるときに、その人がどういう気持ちで実行するかは極めて重要です。キーワードを今一つ持てば、十言神呪の鏡がより詳しく理解することができると思います。

ア字神呪について解説を述べました。それぞれの神呪について同様に述べますが、十言神呪の順に述べます。

[二] 誠字(マ字)神呪

次に、誠字(以下マ字)神呪です。主宰神は住江大神です。

この十個の神呪の中で最も難しいのが、このマ字神呪です。

このマ字が「道の道」として法則的展開の中に入っていますが、神呪のキーワードはまさしく「法則」です。

法則というものは「道の道」における法則ばかりでなく、「祭の道」「霊の道」にも有らねばなりません。即ち、十言神呪の組立て全体の中にもおのずから存在するものです。ですから、このマ字の法則は、「道の道」の最上位にありますが、組立て全体を貫いているものです。法則は正義と考えていいでしょうけれども、生成化育・信賞必罰です。もっと簡単にいえば自然法則、因果律です。

ですから天津神としての住江大神のお働きは、あらゆる面において少彦名命と共に重要です。つねに真理をくだされる住江大神と、伝えた真理の歪みを正そうとされる少彦名命です。これが次のテ字神呪、即ち「因縁」という問題になります。

このマ字神呪は「まることとは大きさだめの極みなり　まこと開きて極みなきなり」とありますが、この中の「まこと開き」が重要です。法の中にまこと開きがあります。「まこと開きて極みなきなり」、永遠にその「まこと開き」をなして進まねばならない。これが人間です。人間の「誠」というのは、尽くしても尽くしても尽くしきれるものではない、極限のないものです。

自然界は、大は宇宙より、小は分子原子電子素粒子に至る迄、その極限の形は「まること」であり「球形」である。而《シカ》もその運動は無際限への展開である。生きとし生けるもの、アメーバから人間に至る迄、その絶対価値は「まること」であり完全円満であり、その個々の生命は、更に高次元の完全さへの無限の進化・向上・昇華《ショウカ》を続けて居る。

すべての人間は、すべての物には、大小・貴賤・美醜等々の相があり、その両端には極限ありと思えるが、それがひとたび「心」と直面し、その相の成立にさかのぼって哲学する時、一切の極限は否定される。

さらに、この現世だけではなくして、次の世においても同様に「まこと開き」をなしていかねばならない。これも含まれています。現世の人生だけを考えたものではありません。限りなき誠の展開、それをまこと開きの別の表現として「信仰」とします。この信仰はご利益を願うものではなく、真理を体得するための純粋な信仰のことです。あるいは神様と人間を結びつけるものと言ってもいいでしょう。これが今一つのキーワードです。

すべての存在においてもそのまこと開きに極限がない。この地球霊界に動物や植物、微生物までくさぐさのものが存在をしています。それらはすべて法則的展開として存在を許されているものです。ですから、それらすべてのものにも法則があてはまります。即ち、つねに、つねに進化創造、生成化育していかなければならない。人間は、人間の法則としての誠、まこと開きをして生成化育をしていかねばならない。

このようにして、万物《よろずもの》すべて、住江大神の世界の存在のもとにあると考えねばなりません。正しい信仰によって、神との結びつきを見失うことなく、限りなくまこと開きをしていかねばなりません。

この「法則」は人間世界における最も低い道徳といわれる法律とは違います。宇宙を貫く法則です。また、マ字観法を実行することとは、単純にこの現象界の中でうまく生活をする道徳を求めるというだけではないのです。もっと上の世界への希求があります。宇宙の真理と一体になることです。

これがマ字の神呪についてのキーワードです。マ字の神呪はまだ伝えなければならないことがあり、これからも出てくると思います。

[三] 用字（テ字）神呪

次は、用字（以下テ字）神呪、主宰神は少彦名命です。

十言神呪の組立ての鏡の中で現象界にある神呪です。

人間は、いろいろな原因による業因縁の中で生きています。その業の嵐の中から救いを求めなければならなくなります。その意味で、テ字神呪、少彦名命の神呪がここにあることは有り難いことです。キーワードは「因縁」です。

人間は五感を通して客観世界の現象を見ています。くさぐさの縁の中に困難や悩みは尽きぬものです。困難や悩みの業因縁が吹き荒れます。困難や悩みは、神様が人間に何かの気づきをもたらそうとするものです。そのための悩みや苦しみです。信仰の深い方や、立派なご先祖の血筋の方といえども業因縁の波風の中にただよい悩み苦しむものです。対人関係がうまくいかない、社会生活になじめない。さらには、子供が思うように育たない、夫婦、親戚間がぎくしゃくするなどさまざまです。そういう中で初めて人間はどのように在らねばならないかを考えるようになります。思うことが思うように進まない。その時は、「その道はお前の進む道ではないよ」と神様が教えてくれているものかもしれません。

それらの現象は人生を考えさせていただくための糸口です。悟りの道への導きです。反省し、救いを求めて道徳の道へ、信仰の道へと入っていくわけです。それが少彦名命の導きです。その業因縁を如何にして断ち切るか、その導きをされるのが少彦名命です。少彦名命を信仰する意味がここにあります。

門田は「少彦名命のお社《やしろ》を造らねばならない」と命ぜられましたが、このような意味と思われます。決して少彦名命を高貴な神様としてお祀りをせよというのではなく、病める人間を救うためであろうと思います。

熊野大権現からの詔として、一遍上人は名号「南無阿弥陀仏」を記した小さいお札を衆生にお渡して歩かれました。その小さいお札の「念仏札」は少彦名命の御依差しによるものとお聞きしています。熊野大権現はそういう意味で非常に高貴なお働きをなさっておられるのです。熊野大権現と少彦名命とのご関係は深いものがあるようです。現世において少彦名命の御稜威がかかっておらぬ神々は存在しないといっていいでしょう。もし御稜威がかかっていなければイナルモノです。

テ字神呪に戻ります。神呪は「照る月の映りてまどか池にあり　など波風に砕けるかも」です。

月の円相を照らした、天照大御神の御光は、今、月の円相をその儘《ママ》に、池の中に映して居る。池中の満月は、決して月そのものではない。真如の月は天空に皎々《コウコウ》として輝いて居る。池の端に立つ人は、池中にある月を月の円相顕現《ケンゲン》と見る。

その時、一陣の風が吹くと、池面に波が伝わる。池中の月は千々《チヂ》に砕ける。人間の感覚のとらえている世界は、流動果てなき池中の月である。凡《オヨ》そ差別の相は、池面に生起している波であり、その波は、無明縁起の因縁である。

今、池中に真如の月を見る事は出来ないが、観を転回して、頭上を仰げば、天空に真如の月が中天に輝いている。それは、天照大御神のみすまるの光を映している。真如は、因縁の波にかかわらず、無明の風を知らず、厳然として円相を顕わしている。

「など波風に砕けるかも」です。本当の月というものは波風で砕けるものではない。砕けるのは池に映って波風にゆれる満月です。業因縁という波風でもって池に映る満月はちりぢりに砕けるけれども、それは現象世界のことです。本当の月は自分の頭上に皓々《こうこう》と照り輝いているではないか、というのがこのテ字神呪です。

それと同じように、このテ字神呪の教えるところは、因縁というものはなく、真の実在の自分があるではないか、真の神様がそこにおられるではないか、というものです。何ものにも砕けない、本当のものがすぐ側にあることを教えています。人間というのはそのような業因縁のもとに動かされ、生きている、まことに悲しい存在です。しかし、その肉体の中に本当の自分というものが隠されているのです。実はここに人間が現象界に生きる、生かされている意味がこめられています。

さて、何故これを「道の道」としたのか。人間はひとりで現象界に来たものではありません。現世に両親、ご先祖があって今の自分があります。別の表現をすれば、ご先祖のその血筋を受けた集積として今の自分があります。そのことを悟らねばなりません。

業因縁の嵐のなかにあって、これまでの生き方を反省して、正しい道を歩みたいと願わずにはいられないでしょう。その第一歩がここにあります。正しい道を歩むならば、必ず幸福に至るのです。人間というものは悲しいものです。テ字神呪のもう一つのキーワードは「自覚」です。

[四] 動字（ラ字）神呪

動字（以下ラ字）神呪です。主宰神は大国主命です。

ラ字神呪は「蘭の香の貴かりけるおのがじし　花も葉も根もいそしみてあれば」です。

ラ字がオ字と共に同じ現象界の中に、何ゆえにあるかは、すでに伝えた通りです。このラ字は、先ほどのテ字と反対側にありますが、逆の考えをします。テ字は苦難の原因を考えることでした。ラ字は人間が幸福な生活を送ることができるのは何によるのであろうか。原因は何であるのか考えてみようではないかというものです。


花も葉も根も、個と全体とを切離す事なく、混同する事なく、反対する事なく、全体のいのちに帰命し、喜んで奉仕している。全体のいのちが完全に営まれる成果は、すべての細胞に行きわたり、各自が馥郁たる芳香を背負っている。

我々各自その場に於いて、即ち家庭或は学校或は会社等に於いて、かくの如き芳香を放ったとき、天命を全うしたという事ができる。

真の富とは、物質や金銭を集積したものではなく、芳香を発するかぐわしき無形のものなのである。

この文化文明を切り拓き、筆舌に尽くしがたい努力をなされた多くの方々の上に、我々は生活をしています。家族が、学校が、会社が、社会のみんなが自分を育ててくれている。環境が、地球が、……。その「根」はご先祖の力であって、今の自分があるのはそのお陰なのです。もちろん、ご縁のある神様も力を与えてくださっているでしょう。「蘭の香」のただようのは、みんなが調和して力を発揮し支えてくれているからです。

しかし、幸福はいつまでも続くものではありません。これを永続的なものにするにはどうすればいいのか。それは、自分を育ててくれているすべてのものに対して感謝や誠を捧げなければならない。もし不調和の中にあれば、さまざまな恩人に対してさらなる感謝の誠を捧げなければならない。

あるいは人間関係の不調により感謝の糸が切れ、感謝の届いていない方々がいるかもしれません。それらの方々を思い起こし正しく感謝の糸を回復していくならば、そこにおのずと麗しい香りが生じるのです。表現すれば簡単ですが、どこまでも掘り下げて考えなければならない。繰り返し感謝をすることによって、ふっと思い起こすことがあります。この方も、あの方も関係していたのではないかと思い起こすことがあります。直接的なご縁はなくとも、因果関係をどこまでもたどって掘り下げていきます。まこと開きに極限がないのと同じように、感謝して感謝し尽くすのにも限りがありません。大きなご恩を受けて今の自分があるものです。

このように、今まで切れていたものを調和的に正していくのがラ字観法で、大国主の大神様です。大神様への信仰は人間としてこの現世に存在する意義を問われているのです。

人間は現界において麗しい人間関係を創っていかねば真の永続的な幸福はありません。一つひとつを調和的に働かすには、霊的な行というものにならざるを得ないのです。

何故か、歪んだものを正すのはテ字、少彦名の大神様のお力であるといいましたが、切れていた結びつきを回復なさるのは大国主命のお力によるものです。今の自分の存在を考えるとき、どうしてもこの現世においてご苦労をされた先人の方々への感謝を忘れてはならない。会社のなかでお世話になった方々や、ご先祖、ご家族などの相手を祈らなければならない。その感謝の祈りということが霊行の始まりになります。相手への祈りは霊行の出発点です。これを継続的に続けることによって霊行が深まっていきます。

相手の方々を、ご先祖を、ご家族を祈るということは同じ現象界にあることであってわかりやすいことと思います。このラ字は「霊の道」(物質的展開あるいは、創造的展開)にありますが、ラ字の上のミ字、即ち、住江大神の真の霊行の禊《みそぎ》が待っています。その行き着くところは霊的な禊をなすことになります。

ラ字神呪のキーワードを、門田は「バイブレーション」(振動)としてあります。回復を図り、あるいは関係を強めるために、すべてのものが互いに調和的に振動することによって実りが得られるということでしょうか。今一つのキーワードとして「感謝」とします。ラ字観法は「結びつきの回復の喜びと、感謝の表明」の祈りです。

現象界におけるテ字とラ字の違いについて、さらに述べます。テ字は、業因縁の波風のなかにただよい、不調の中から己を救い出すことでした。ラ字は、幸福であるのはすべての人が調和的に働いてくれることであるとして、相手への感謝でした。テ字神呪は業因縁という内因的な考えで、ご先祖に代わって己が社会に対して尽くさねばならない。ラ字神呪は社会的な恩恵にあずかるという外因的なものです。社会からの恩恵に感謝し、社会に対して己を拡大しなければなりません。オ字の完成への道です。それが禊という「霊の道」です。共に目にははっきりと見えないけれども、己の周囲の世界を拡大して眺めなければならないのです。

［五］統字（ス字）神呪

統字（以下ス字）神呪です。主宰神は天之御中主命です。

ス字神呪は「統ゆみほゆ光かかふるすめろぎの　御代開けてぞ永遠に安けき」です。

宇宙の運動が超自然的統一の相である事は、大は超天体宇宙から、小は素粒子に至る迄貫いている真理である。現在最も精密な電波望遠鏡ですら観測出来ない超天体宇宙も、観測出来る銀河系宇宙も必ず中心を失う事はない。

天御中主大神の御本体は、妙有《ミョウウ》を内蔵する空無《クウム》の一点であり、全宇宙は、この中心に統一されている。……。天御中主神は、その気を二つに分ち給うて、高御産霊神・神御産霊神の二柱の神が成り給うたとある。

高御産霊神は、「火の気《ホ》」であり、陽であり、霊《ヒ》であり、心の根元――神御産霊神は「水の気《ミ》」であり、陰《イン》であり、体《ミ》であり、物の根元である。……。

「統《ス》」より発する光と、「水火《ミホ》」より発する光が光被する「すめろぎ」の御代が地上に展開すれば、永遠の平和は成就する。

高貴なる天照大御神朝廷よりもはるかに上津彼方《うわつかなた》の天御中主命朝廷より、詔の「統《す》」が発せられています。それを天照大御神朝廷が太陽系神界にわかりやすく伝達します。さらにそれを、地球神界――大国主命――は、地球としての役割のものを受け取り、人間を初めて万物に伝えています。即ち、キーワードは「秩序」です。

上津彼方の「統」に対して、全大宇宙は秩序と調和を保ちながら統一をはからねばなりません。「統」に焦点をあわせてすべてのものは生きていかねばなりません。地球上のどのようなものも、一木一草、どのように嫌われる雑草でも、猛獣でも、蚊や蟻も、どのような微生物も、その秩序のまにまに生きなければならないのです。我々は与えられた使命《さだめ》を尽くして生き、霊界に帰っていかねばなりません。宇宙が秩序と調和を保ち統一的に生きる、それが万物の宇宙における規則《さだめ》です。

そのために人間はどのように在ればいいのでしょう。

人間は十言神呪の組立てにあるように、現象界を昇り、幽界を昇り、神霊界に至り、さらに上津彼方へと昇らねばなりません。

一方において、詔の「統」を賜るためには、詔が我々人間に届く準備をしなければなりません。霊祭道という三本の縦の筋がありますが、そのうちのどれか一つは開かねばならない。そういう至上命令が、現世――地球霊界――に存在するものには与えられています。

人間が人間としてまっとうするには、詔の「統」のままに正しく生きねばなりません。もし、「統」が現世《うつしよ》に存在するならば、それを現実のものとして見ることができます。そこに己を合せることによって、秩序と統一をもって調和的に生きることができます。――しかしそこには、幽界と神霊界が抜けていることに注意がいりますが――そのような「統」を代理するような存在が現世にはありますす。それが、日本においては畏くもご皇室です。日本皇室はそのような意味で存在をしていますので、ご皇室に対してはつねにまつろうことを忘れてはなりません。人間はご皇室と共に幸福に生きねばなりません。

しかし、その本質は十言神呪にある通りに霊祭道を通じて、ご皇室の上におられる天照大御神、さらにはその上の天御中主命朝廷の「統」というものを、つねに見ていなければなりません。そうしなければ、ただ単にご皇室を尊敬するということだけに終わり、人間としての使命を尽くすことにはならないからです。

「統」の働きは秩序を保つために極大（宇宙）と極小（アメーバ）の間を行き来して、本来の働きを発揮させる働きをします。ですから、今一つのキーワードを「本質」とします。

我々人間はこうして生きることにより、麗しい薫りが兆すことになります。これが次にあります大字（オ字）神呪です。オ字とス字とは密接な関係があります。

［六］大字（オ字）神呪

大字（以下オ字）神呪に入ります。主宰神は大国主命です。

神呪は「大いなる我悟りなばこの身われ　生り成り続くは誰が為にこそ」です。

「この身我れ」なる小我を御恵みくださった大国主命に感謝する事を忘れてはならない。「本当の我なるもの」は祖先、親、兄弟、配偶、子、友、隣人、師、有縁無縁の一切霊、神々、万物、万象、法則等々……数え切れない無数の因縁が「中今」の今、「我」を場として生かされていると観ずる様になると、初めて感謝の心が湧き出でる。
大国主命は、この感謝の成就を待って居られる。

オ字は人間存在の最も核心的なものであり、これなくして己の存在はありません。オ字は己の存在、キーワードは「我」です。

人間は現界に肉体を養いながら住んでいます。その肉体の中に奇すしき霊体を宿し、その霊体の中に本当の我が存在します。それは何か。直霊です。これをフタともいいます。人間の根元はフタであり、そこから湧き出るものです。フタの中に詔の「統」を賜り、そのフタを発現させることにより、みずからを発見し、悟ることになります。

これが、『ナナヤの宮参宮記』の中に住江大神よりのお言葉を引用しましたが、「悟って神になるのではなくして、悟ったら自分自身になる」のです。決して悟って神になるのではない。自分自身を発見するのです。また、その姿は『法絲帖』の中にも描かれています。「みこや今正《まさ》しく汝みずからなりし。くすしくとも尊きかな」

フタは容易に開くものではありませんが、人間はフタをみずから開けなければならない。すべての人間に起きて欲しいことですので、神様はこれを強制的に起こさせようとすることがあります。

そのために、フタに光を一瞬に差し込む時があります。この時にフタが開くのです。フタが開くことをタマヒラキといいます。

タマヒラキをさせるために人間にくさぐさの苦労を与えるのです。これを神様の「恩寵的試練《おんちょうてき》」といいます。単に業因縁の解消のために苦労をさせるだけではありません。苦労の先を見なければなりません。

この十言神呪による真澄信仰を持つ方々にはタマヒラキが起こらなければならない。それが現世において幸せを得て、「蘭の香り」をもたらすための最大の行になります。人間の品性の薫りがただようようになります。

その時に何をなさねばならないか。自分自身に対して問わねばなりません。艱難辛苦から逃れるためのものではありません。フタの本質は神のごとき慈悲心です。すべての存在に対して誠を尽くし、すべての成果を神様の御前に捧げることができる人間です。

肉体という壁を取り除くことによって、己の本質が現れます。即ち、自分の存在そのものを神様に捧げることです。

その意味は、今ここに存在する己に対する喜びであり、己を支えてくれるものに対する感謝です。己につながる先祖代々の御霊の一人ひとりに、こうして生活をさせていただいている御礼の感謝を捧げます。

さらには、我と同質の万物を観て、万物の中の一員として存在する我を嬉しく思い、万物に対して感謝を捧げていくとき、ひとりでに宇宙と一体になることができます。思い続けるならば、そこに宇宙と一体となる〝大いなる我〟を悟ることができるのです。宇宙の中の我であり、肉体は消えうせていくのです。人間が人間となるための行です。まことに麗しいことです。

これが霊祭道の三本の道への出発点となります。

オ字観法はタマを開くことです。現界において万物とのつながりを回復するための感謝の行です。今一つのキーワードは「無私」です。

このオ字の本質は、自分の本質を現すための無私、無我の姿です。廣池博士は自我没却神意同化と表現されました。この大国主の大神様の御心と思います。これを実行することによって、万物との間において、人間は秩序と調和と統一のとれた世界の中において真に幸せに生きることができ、子孫繁栄の基となります。まさに中今を行じるものでしょう。

オ字の最後に興味深いことを伝えます。それは「大字観法の功徳」(『法絲帖』下)として記してあります。オ字観法を実行すると守護神(イツ)を賜ることができるというものです。守護神は家のご先祖の救済に向かい、また感謝の誠をつないでいただけるのです。

[七] 小字（ホ字）神呪

小字（以下ホ字）神呪です。主宰神は少彦名命です。
神呪は「ほのぼのと朝霧の立つ深山路に　母恋う雉子の啼く声愛しも」です。少彦名命の愛を示すものです。キーワードは「愛」です。

ほのぼのと朝霧の立つ森の奥に、姿は見えねど、雉子《キジ》の雛《ヒナ》が鳴く可愛らしい声が聞こえる。多分飢えて母親を恋い慕っているのであろう。

この場合の親鳥の様な神が少彦名命である。衆生の如何なる苦しみも悲しみも解消してくださる大慈大悲の神である。

宇宙の星々の整然たる運行、生物体の緻密、合理的な組織を観ると、神の御本質は「理」である様に思えるが、更に深く観察すると、神の大《ダイ》にも微《ビ》にも、まことに行届いた麗しい御心遣いに感動する。それ等を運営、維持する為に、日夜の別なく働いていられる事を感じる。実に、「神は常に働き給う」を実感する。

愛が若しこの地上から姿を没するなら、金城湯地《キンジョウトウチ》も音を立てて潰《ツイ》え去るであろう。

愛が何ゆえに「道の道」の中に入っているのか。まずここから始めます。

愛は人間を安心させ、癒す言葉となります。肉体を持つ人間が、相手から優しい言葉をかけられるとまことに嬉しく、相手に何かお返しをしなければと思うようになります。苦難の中にあればあるほど優しく響きます。優しい言葉は人間の心をやすらげ、心の中の優しさを引き出してくれます。心と心が響き合うのです。これが社会生活を円滑に送る人間の心です。それは物理法則と同じような、経験的に見出した人間関係に対する原理です。これが人間の「道の道」の中の法則になるわけです。

テ字（因縁）のすぐ上に同じ少彦名の大神様のホ字（愛）があることは、大神様の人間に対する優しい慈しみを感じます。そう思わずにはおられません。オ字（我）から出発した人間の苦しみの中に、テ字によって何かの精進をしようという心が生まれ、神様を求める心が芽生えるが、そこに愛の心が入ってくるのです。神様の優さしさを感じます。ここに人間の歪みを正そうとする営みがはじまるのです。

ここに大きい問題があります。右に述べたことと少し違いますが、何故に天津神の少彦名命が、現象界と幽界の両方にあるかということです。

理由は簡単です。天津神である少彦名命は、如何なる存在の中においても決して相手に染まることがないからです。神様として究極の存在であるのです。ですから、如何なるものの中にも入ることができます。

現象界というこの人間の世界に入っても、決して御身が狂うことなく、相手の歪みを正すことができるのです。その理由は大神様の御身が〝火〟であるからです。火はあらゆるものを溶かし、あらゆる業因縁を溶かすものです。大神様の御稜威を賜るということは、その火をいただくことであり、そこに業因縁を落とすことができるのです。薬師如来と習合される少彦名命の奇しびの御稜威こそ愛といわなければなりません。

幽界においても同様です。幽界は現象界と同じではありませんが、そこに在ってもおのずからあらゆる因縁を溶かし、決して相手に染まることはありません。

門田が十言神呪を賜る際に、少彦名命から直接にお言葉をいただいたことがあります。「その時、体が熱くてあつくてお言葉が長く続かなかった。終わるやいなや、何でもいいからそこにある水が欲しかった」と言っていました。大神様の御身自身が火であるからです。

「ほのぼのと朝霧の立つ深山路に……」の歌の意味するところは何でしょうか。人間の霊体は肉体の中に閉じ込められた存在ですが、その中に少彦名命の御稜威が差し込みますと、肉体の中の霊体をおおう業因縁が解《ほど》け、消え失せて、霊体がおのずと輝いてきます。おのずと輝き、本当の人間らしさを取り戻し、本当の自分を知ることができるようになる。優しい心にこたえる愛がほとばしり出るようになるのです。少彦名命の御稜威を求める、それがホ字神呪です。

ですから、「大いなる我」を悟るためには、真澄神である少彦名命の御稜威は欠かすことができないものです。御稜威を賜ることができることは、人間としてまことに嬉しいことです。こうして生きる意味を悟ることができます。その根本は人間として誠を尽くして生きることにあります。究極の誠を尽くして生きることにあります。究極の誠を尽くして生きるにはマ字につながらなければなりません。愛を真っすぐに整えて生きるにはマ字が必要なのです。即ち、真澄信仰につながらねばならないのです。それがない限り、「道の道」もここで止まります。

これが真澄信仰ときちっとつながるときに、その上のマ字につながるのです。ここが、信仰がある道徳か、信仰なき道徳かの分かれ目になってきます。「誠」を極めんとしても何か心に残るものがあるものです。真の誠に至る道は真澄信仰です。この信仰によって上のマ字に昇るのです。

今一つのキーワードを「救い」とします。

［八］三字（ミ字）神呪

三字（以下ミ字）神呪です。主宰神は住江大神です。

神呪は「みそそぎの聖き心を保ちてぞ　まことの神は顕はるるなれ」です。

神は風の日も雨の日も、昼も夜も厳然として存在し、整然たる宇宙の営みを運行される。然し神はひそかに隠れ給うて表に顕われ給う事は滅多にない。

神は無限の「まること」であり、全相《ゼンソウ》であって、その一部分はすでに神ではない。まことの神とは「全相の神」である。太陽が輝くのも、雨が降るのも部分の神であり、神懸《カミガカリ》や霊媒《レイバイ》に示されるものも部分の神である。……。

全相の神は顕われ給う事はないのか？

禊を完全に成就する時、全相の神の顕現《ケンゲン》はあると、この御神歌は示されている。

禊とは？

ミ字神呪は、住江大神の御稜威を賜った清浄な心を持ち続けるならば、真《まこと》の神が、全相の神が目の前に現れることを述べています。

このミ字が何故に創造（物質）的展開としてここに存在をするのか。現象界のラ字の上の幽界に存在しています。ラ字はすでに述べたように、肉体を持つ自分があらゆる存在のお蔭によって存在していることを述べています。その感謝によって人間としての麗しい蘭の香り、即ち、現世における富――麗しい人格、富貴――が得られるという神呪でした。人間を現世に輝かす神呪でした。このミ字は、その富の上に、さらに行き届いていない方々に感謝の糸を結びつけるためのものです。人間の内を一層充実させる方法を教えています。エネルギーを高める、いいかえると、充電をし、輝きを増す、その力を持たせるのがこのミ字です。

エネルギーにはいろいろありますが、充電させるエネルギーとは何でしょうか。人間は、気がつかないかもしれませんが、間違いなく幽界に遊ぶことができる霊体を持っています。その霊体を磨き、育て、その中にエネルギーを充電させるものです。充電すればするほど高まり、神々のエネルギーに限りなく近づき、真の神様との出会いの時が来るのです。これがミ字です。

人間も霊、神様も霊です。神様は神霊ですが、その神霊と人間の霊とはそのエネルギーにおいて格段の差があります。これは当然です。このことは見過ごされていますが、極めて重要なことです。神様はそのエネルギーを何倍にも薄めて、人間の霊体に与えているのです。このエネルギーによって霊体が育ちます。

これが創造的という展開です。創造といえば新しいものを作るということですが、そうではなくして、人間の霊体を新しくどんどん発達させて、創造できるまでポテンシャルを高めることです。それによってインスピレーションを得る、直観力を高めることができる、そこに創造が生れるのです。それがミ字の根本です。「霊の道」が創造的である理由です。

それができなければ、本当の神様と邂逅《かいこう》することはありません。大神様と接点を持つことができるか、できないか、これがミ字をどれだけ成就しているかどうかの差になります。

それには何としてもミ字観法の禊をなさねばなりません。それは霊の禊です。いわば、ラ字は肉体の禊でした。蘭の香りをただよわせつつ、霊行の禊をなすところにミ字が成就をします。実行すれば必ず法則的に上昇をします。

このミ字は、人間が霊的な行をなす上においてまことに重要な働きをします。住江大神は、この宇宙の中にあらゆる法則、真理を授けられる神様です。この人間、即ち人間霊体のポテンシャルを高め、人間霊界を幸せに導こうとなさっておられるのです。幽界における存在だけではまだまだ力が弱い、ポテンシャルの低い霊体です。神霊界にまで限りなく飛躍させねばなりません。

ミ字のキーワードは「エネルギー」です。今一つはエネルギーを高める脱皮のための「解脱」です。

［九］幽字（カ字）神呪

幽字（以下カ字）神呪です。主宰神は天照大御神です。

神呪は「輝きは照り徹らせり天津日の　奇しくもあるか優しくもあるか」です。

人間にとって最も偉大で最も美しいものは、太陽の相であろう。太陽神界の主宰者であられる天照大御神は、森羅万象よろずの生命に、おしなべて光と熱を、惜しみなく与えられる。光は神智であり、熱は聖愛である。

人間の生命は、天照大御神の御本質をその儘《ママ》恵まれ、何時何処《イツドコ》でも、燦然《サンゼン》として輝き出づる可能性を持っている。

絶対無我の自己の内奥《ナイオウ》から、愛と光が輝き出る時、御稜威《ミイツ》は我にかかぶり、おのずから最高最貴の生活が営まれる。人間が大御心を、その儘に生くる時、その輝きは全宇宙に照《テ》り徹《トオ》り、高次元神界への道が開け、無限の幸福を味う事が出来る。大御心は太陽の心であり、太陽の姿であり、六洽《リクゴウ》を照徹《ショウテツ》している。

この神呪は生命的展開の最上、即ち、「祭の道」の神霊界にあります。ア字の人格の上にあり、カ字のキーワードは「神格」です。同じ天照大御神ですが、ア字は「人格」、カ字は「神格」です。

人間がこの現象界に生きることの根本は祭りを行うことです。「人間が祭りを行うことは、人間がこの世に生まれて来る時の神様との契約である」は、門田の口癖でした。その信仰はオ字、ア字、カ字と昇る真澄信仰です。究極の真澄信仰は、ア字を突き抜けてカ字にまで至らなければ、本当の祭りにはなりません。

何故なら、そこに至らなければ外なる天照大御神と「ス字」に到達することがないからです。こうして初めて上津彼方の貴い詔が、人間の中の深いところに届くようになり、人間は己の本質を発揮することができるのです。ですから、「祭の道」においてカ字の神格に至ることはまことに重要なことです。

それには何をなさねばならぬか。第一はミ字観法によってポテンシャルを高めることです。次に、「道の道」の極致である真理に至る方法のマ字の信仰です。第三は、次に取り上げます宇宙と一体になる「霊の道」の極致のミィ字に勤めることです。それらを総合的に、霊的にも人間的にも突き進んでいかなければなりません。「祭の道」のみによってはカ字に到達することはあり得ません。

カ字を成就するために、行《ぎょう》としてカ字観法があります。この観法は天照大御神の御命《いのち》を賜る行です。観法によって霊的な輝きをはなち、人間の品性が輝き、現れ、現象界において大きく立つことができるものになります。この輝きは太陽の輝きであり、太陽と一体になることです。今一つのキーワードを「輝き」とします。

カ字の姿の究極はご皇室にあります。我々はカ字を行ずることによって御稜威を賜ることができます。それと同じく、ご皇室を尊崇することによって、カ字の御力を賜ることができるのです。奇すしき意味を多く持つカ字です。これがス（統）に至る正道です。法則的に「統」に至る道もありますが、さらに難しいものです。

[十] 休字（ミィ字）神呪

次に休字（以下ミィ字）神呪です。主宰神は天之御中主命です。

神呪は「見はるかす朝日あまねき碧御空　星影のはや見えずなりけり」です。

人間が地球上から、昼間見る世界は却って小さく、夜見る世界は遙かに大きい。夜空を天体望遠鏡で観測すれば、銀河系も星雲も見えるが、太陽が昇れば、一番近い金星すら姿を消して終う。併し夜空をちりばめていた巨億の星々が消滅したのではない。太陽という強烈な光が輝くと、遠い星の光は消されたのである。

それと同じく、我々は地球上に生きる限り、太陽神界の天照大御神を観ずる事が出来ても、より高次元宇宙の天照大御神を観ずる事はできない。

高級神界の神の光は、現に今、人を照らして居ても、近くの蝋燭《ローソク》や電燈とか物質的光に幻惑されれば、神秘の神光を見る事ができない。

我々は精神統一又は鎮魂帰神して、人間智を超越し、惟神《カンナガラ》神智によってのみ実相世界に超《チョウ》入《ニュウ》出来きるのである。

門田は、「飛躍（ビッグ・バン）」をキーワードとしています。何故でしょうか。

天御中主命の裏の神呪ですが、天照大御神の象徴である太陽が現れれば、その上津彼方の星々は見えなくなります。けれども、星々がなくなったわけではない。微かであるけれども、地球上に御稜威をかかふらせています。門田は「天御中主命の御力は、我々太陽神界の中の地球神界に生きるものにとっては、その影響はごくごくわずかであって一パーセントにも満たないものである。その代りに、天照大御神がその全権において我々に御稜威を授けてくださっておられるのだ」と言いました。

ミィ字の観法は、「神ここに生きたまうなり、……」と思いながら生きることです。神様と人間との一体感です。神様と人間との同行二人です。ご神殿あるいはご仏壇においてのお勤めのような堅苦しいことでなく、日々の生活において同行二人を貫くことです。霊行としての最高の極致になります。

そこには人間の御霊は神霊になり、肉体は消え失せ、宇宙と一体になっています。これが「飛躍（ビッグバン）」と思われます。即ち、「星影のはや見えずなりけり」です。

間違ってはいけませんが、そのつもりであっても、決して神と人間が一緒にいるわけではない。人間の霊体が清まらない限り、決して神様と人間が一体になることはないからです。ミ字観法によって徹底的にエネルギーのポテンシャルを上げて初めて、神様との同行二人ということが叶うようになるからです。

しかし、己の心の中に神の愛として、神と共に生きるという心を持つことは、ア字の人格を持つ上においては重要なことです。霊体のポテンシャルを上げ、次第しだいに浄まるところに、奇すしいミィ字を行うことによって、上からと下からとで、両方から御霊が浄まっていくのです。

門田は「幸いにして『ナナヤの宮』に入いらせていただくことができた」と言っていました。先人が幽界に出入りした記録は遺されています。しかし、神界に入ることはまことに険しく、しかも肉体を持って入り、その肉体を現界に戻した者はないと思います。――『ナナヤの宮参宮記』を参照してください――ですから、まことに清まった状態において、霊体が神格を得たときに初めてここに「ス（統）」に届くのです。

今一つのキーワードを「応身」とします。

ホ字からマ字に至ることが難しいといいましたが、さらに難しいのはマ字からス字に至ることです。その意味において、カ字はマ字とミィ字を加えて、ス字に至る道が正しい道であると言って過言ではありません。マ字からス字に至るにはその究極として真澄信仰、即ち「祭の道」を成就しなければなりません。

こうして人間が神の道に行く、正しい詔を如何にして賜るかを説きました。

次の頁に、十言神呪のキーワードを組立ての中に記して整理をしました。右は、門田のもので、左は今一つのキーワードです。

最後に、十言神呪の観法については多くを引用することができませんでした。是非、『光る国神霊物語』をご一読ください。多くの示唆を得ることができると思います。

第三の組立て

【今一つのキーワード】　　**【キーワード】**

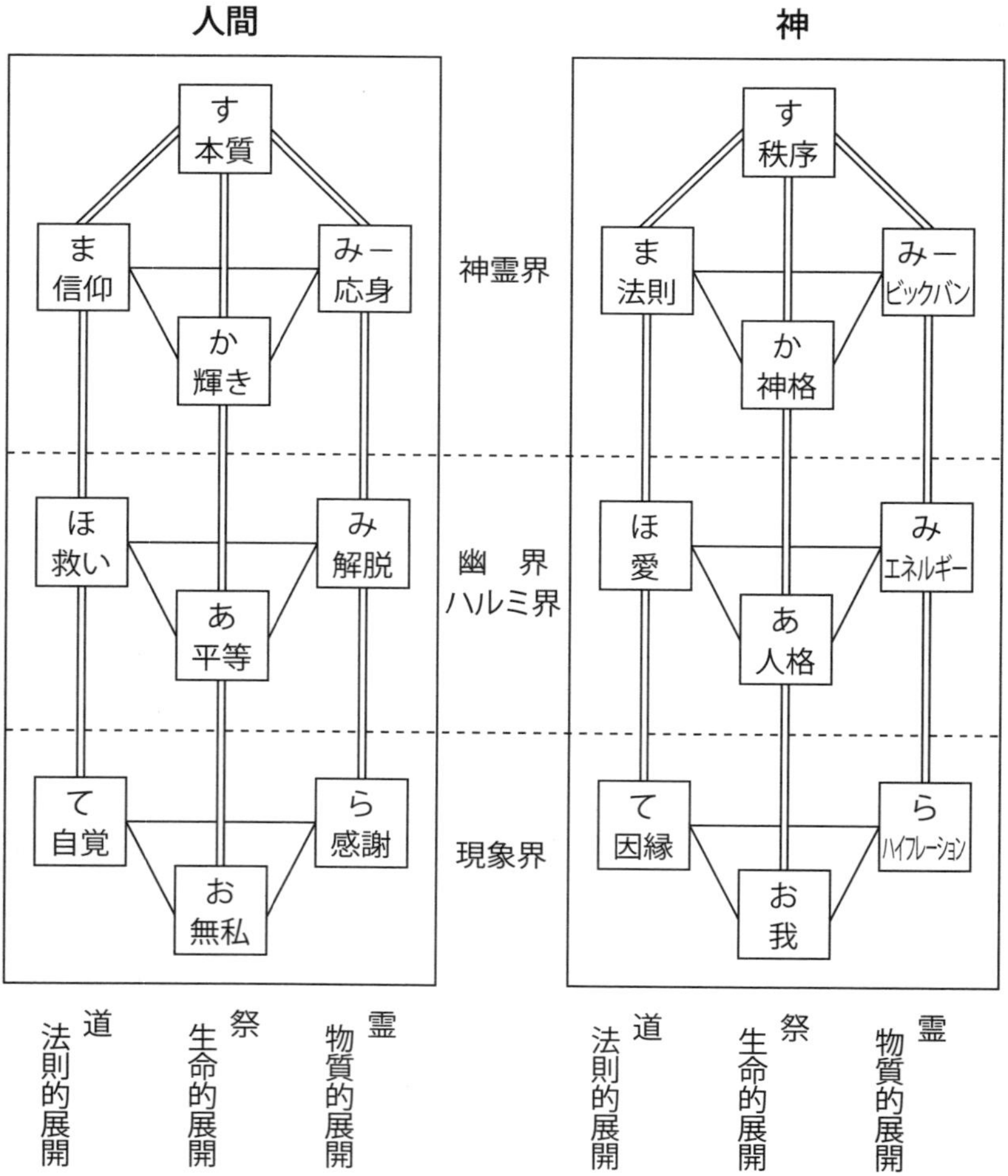

【第四章】重々無尽の世界

［一］今一つのキーワード

前章において十言神呪のキーワードを説明しました。

第三の組立てにキーワードをつけ、さらに第三の組立ての左に「今一つのキーワード」をつけ並べて図にしました。

お気づきになったかと思いますが、今一つのキーワードとして示した言葉は、人間的なものです。

［二］人間は小宇宙

門田は、十言神呪第三の組立ては「宇宙の神韻《しんいん》」を解いたものといいます。客観的な世界からその裏に潜む世界までのすべてをあぶりだし、十個の神呪を組立てたものです。

今一つのキーワードは、「人間の本質」を現しています。人間の内界に隠された身心の精神をあらわにしたものです。

ス（本質）は人間の奥深くに存在するものです。この内在する**ス**と外界に存在する**ス**（秩序）とが共鳴をするのです。この共鳴によって人間は神様の奇しき詔を賜ることができるのです。**ス**を共鳴させながら、これを頼りにして人間生活を送り、**ス**に至らねばなりません。第三の組立てと、次の第四の組立ての**ス**の位置に着目してください。

オ（無私）がその出発になります。現象界に生まれ、生活を営むために諸々の苦労を引き受ける自覚が必要です。良いことも悪いことも、今ある姿に導いていただいた方々に対する感謝が必要です。見えないものを観ながら真理を探究していかねばなりません。精神は平等・公平を保ち、因縁の解脱に勤め、己の救いに向かわねばなりません。己の体を宇宙とし、神の如く光り輝かし、つねに誠心の信仰に勤めます。そこに障壁は消え失せ、天命を悟り、己の本質が現われるようになるのです。

二つの組立てをご覧ください。右側の「宇宙の神韻」を説いた三つの階層、即ち、現象界・幽界・神霊界を不思議なことを説くものと、認めることができない方も多いと思います。実は、この「宇宙の神韻」を説いたものと同じ構造が人間の内界にもあるのです。これが、大宇宙に対して人間が小宇宙といわれる由縁です。

その詳細は第七章「一霊四魂《しこん》」において再び取り上げます。これまでに述べてきた「統」のこともこの章でよりはっきりすると思います。

[三]重々無尽の世界

人間的な言葉をキーワードとした今一つの組立てですが、さらに次のようなことが見えてきます。第三の組立てをA、今一つのキーワードの組立てをBとします。

このとき、組立てAの中のキーワード「我」、あるいは「人格」を具体的に別の表現で述べたものが組立てBであるといえます。いいかえると、組立てAという十言神呪の組立の中の「我」に、組立てBという十言神呪の組立てが入ります。

恐らくこの様子は、組立てAの中のすべてのキーワードに対して当てはまるのではないかと思われます。十言神呪第三の組立てAのキーワードの一つひとつに、異なるキーワードによる十言神呪の組立てBが存在することが考えられます。

例えば、「愛」という中に十言神呪の組立てを考えるならば、「愛」について深浅のある解釈が可能でしょう。現象界に存在する人間的な「愛」、幽界に存在する霊的な「愛」、神界に存在する神的な「愛」、さらに究極の「愛」と、重なり合った「愛」の本質をあぶり出すことができるでしょう。愛にはエロス、アガペー、……などとあります。

ここに見るのは、一滴の水の中に全大宇宙が存在するということです。宇宙の中に存在する人間の「我」に対して、さらにその中に存在する人間の「我」の在りようが種々とあり、それが隠されているのではないかということです。

ここでさらに次のようなことを夢想します。門田の神受した第三の組立てAは、別の十言神呪の組立てCが存在して、その中の一つのキーワードが啓かれて生まれたものではないかということです。この組立てCは不可思議な世界に存在する神智に属するものであるかもしれません。即ち、神界に存在する十言神呪の哲学でありましょう。今、門田が啓いた十言神呪は、そういう意味で人間世界に適応させた組立てと思われます。

組立てCの中の一滴が組立てAであり、組立てAの中の一滴が組立てBであるという流れができます。

このように考えるならば、ハタと気づくのは『華厳経』です。一滴の水の中に全大宇宙が存在するという、重層の世界観です。『華厳経』には何種類か存在し、この世に存在する『華厳経』は下品であり、中品・上品は竜宮に存在するといわれます。まさに組立てCの上品あるいは中品の十言神呪は神界に存在するのではと夢想するのです。

ここでそのことを示すエピソードがあります。門田が十言神呪を賜って間もない頃と思われます。弟子たちに『華厳経』を説こうとしたことがあります。その際に神様から次のように諭されました。「お前が、『華厳経』を説くのはまだ早い」と。神様はこのことを諭されようとしたのではあるまいかと、六十年を経た今日想像をします。門田は大学において仏教を学び精通していました。

門田から通信によって多くのことを教えていただきました。神呪の解説にあたって、「今一つのキーワード」はすべての神呪についてではありませんが、賜りました。すべてでなかった理由は、十言神呪を人間的な解釈に適応する学習ではなかったかと思えます。しかしそれだけに留まらず、この現世は重々無尽の世界であることを解明することが門田に残された課題の一つであり、そのことを伝えたかったのであろうかと思われます。

門田を指導した神様は、神呪を哲学としておろし、門田に考えさせました。一つひとつについてその解釈を奉答させ、間違っている時は何度も考えさせました。伝えたから「これを金科玉条とせよ」という神様ではないのです。その様子は『光る国神霊物語』の中にあります。

本書を紐解かれる方々には、それぞれの学識の中からこれらのことを考えてみられることをお勧めします。

【第五章】真澄信仰について

［一］真澄信仰

真澄信仰について述べておきます。

真澄信仰という言葉がたびたび出てきました。ここでは改めて取り上げ、その意義を考えておきます。本書の中心テーマでもあります。

「信仰」というと、ご利益信仰という言葉があります。神仏の前でお賽銭を入れ、合掌していろいろのお願いごとをします。その対象の神様が真澄大神の天照大御神と大国主命でなければならない、という意味にとらえないでください。

人間として――この現世に生を受け、使命を果たし、御霊を磨くために――、真の礼拝の対象としなければならないのは天照大御神と大国主命であって、この神様を外しては自分の使命を果たすことにならないことを述べたものです。個人的に信仰をなさっておられる神々を信仰なさることは結構なことです。

何故に二柱の神様が大切であるかについては『日本書紀』（『日本古典文学全集2』小学館　一三五頁）から引用しておきましょう。顕幽《けんゆう》という言葉がありますが、顕界は我々の肉体を持って生きている世界のことであって、幽界は我々の死後の世界のことです。その意味で、顕界の主宰神である天照大御神と幽界の主宰神である大国主命を礼拝の対象とするのです。

高皇産霊尊《たかみむすひのみこと》、……、大己貴神《おほあなむちのかみ》に勅《みことのり》して曰《のたま》はく、「……、夫《そ》れ汝《なんじ》が治《し》らす顕露之事《あらはなること》、是《これ》吾《あ》が孫《みまご》治らすべし。汝は以ちて神事《かくれたる》を治《し》らすべし。……」とのたまふ。是《ここ》に大己貴神報《こた》へて曰《もを》さく、「天神《あまつかみ》の勅教《みことのり》、如此《かく》慇懃《ねもころ》なり。敢《あ》へて命《おほせごと》に従《したが》はざらむや。吾が治らす顕露事《あらはなること》は、皇孫《すめみま》治《し》らしめたまうべし。吾は退《さ》りて幽事《かくれたること》を治らさむ」とまをす。

大己貴神とは大国主命のことです。ご神名のルビは他の箇所から流用してあります。本文の注にある二つの頭注を次に引用します。

「顕露之事」。「顕露」の訓注はアラワニ。（中略）地上の現実世界の事であり、治政を意味する。これまで大己貴神が支配してきたが、今後は皇孫が代って統治するのだということ。「神事」。従来カミノコトと訓み、祭祀のことと解してきたが、「顕露之事」に対する「神事」であるから、カクレタルコトと訓み、幽界のことと解すべきもの。後文にも「幽事」とある。目に見えない神の世界（身を隠し給う神の世界、また死後の世界）をさす。

人間は霊体と肉体を持っています。肉体は先祖から受けついだもので、血筋を受けつぎ、この世に生まれて今日までの生活があります。また、肉体の中には前生以来の霊体が生き、この中に業因縁が残されています。神様と「祭り合い」の祭祀を執行し、鎮魂のような霊行をし、人の道を尽くして生きる、仏教的な言葉でいえば解脱をし、自己救済をし、人間の完成に向かわねばなければなりません。その対象とする神様は、現世を支配される真澄大神・天照大御神です。真澄大神につながる神々がおいでになられますが、究極的には真澄大神でなければならないのです。また、ご先祖の御霊を慰霊するには大国主命を信仰しなければなりません。この天照大御神と大国主命を信仰することが真澄信仰です。

[二] 伊勢神宮と出雲大社

天照大御神と大国主命、即ち、伊勢神宮と出雲大社を信仰・崇拝しなければならないのに、明治期における宗教政策の確執がそのままに現在に引きずられています。

その明治期の宗教政策についての詳細な記述は『神々の明治維新――神仏分離と廃仏毀釈』、『〈出雲〉という思想』などにあります。日本の神道の精神が政治に引きずられ、歪められていった経緯が記されていて興味の尽きぬものがあります。

ここでは、明治期の宗教政策について簡潔に記してあります『出雲と伊勢　神道の叡智』(一六八～一七一頁)をお借りして、少し長いですが、引用します。

明治の伊勢と出雲の論争　　伊勢と出雲の関係については、明治初年の神宮大宮司であった田中頼庸《よりつね》（天保七年～明治三〇年歿・六二歳・薩摩藩出身）と出雲の第八〇代国造《くにのみやつこ》・千家尊福《せんげたかとみ》（弘化二年～大正六年歿・七三歳）との「祭神論争」が有名である。

田中頼庸は一八七一年（明治四年）、神祇省出仕・教部大録・大教正・神宮大宮司に任ぜられた神道界の重鎮である。

一方、出雲の千家尊福は、出雲大社の大宮司・大教正の故を以て神道西部管長に補せられる。明治六年、出雲大社敬神講（後、出雲大社教となる）の組織を作る。

明治七年、神道事務局が設立され、「半公的機関」として神道教導職（神社）と神道系教団の教職者（黒住・金光《こんこう》・御嶽教《おんたけきょう》の教職者）を結集した。一八八四年（明治一七年）に神宮本局となる。

この「神道事務局（神道本局）内」において「祭神論争」が起き、千家尊福と田中頼庸が論争をすることになる。

田中頼庸の主張は明治の国家神道として伊勢神宮を中心とするものであったが、千家尊福は国民強化の礎として、天照大御神の他に幽冥界の主祭神である大国主神を加え、「顕幽二界、生死の安心立命を与えるべき」とした。

その理由は「仏教に幽冥界（極楽往生）を奪われている」こともあり、田中頼庸はひたすら「記紀」や「賢所《かしこどころ》祭神考・神宮祭神考」などに力を注ぎ、平田篤胤の唱えた「幽冥考」には目もくれなかった。そこを鋭く突き、出雲の千家尊福は「幽冥界の主宰神である大国主神」のあることを主張し、極楽往生の信仰の誤りを正したのだが、田中頼庸の顕世《うつしよ》一本論とは合致することは無かった。

千家尊福はひたすら「顕露教（吉田神道とは異なる）」を主張し、人民の誤った幽冥観を正そうとしたが、田中頼庸とは一致するものは無く、「出雲大社教・出雲教」を確立し、専ら「出雲の独特の信仰」を主張した。（中略）

明治以降は「皇道派」というものができた。それは明治維新前の本居宣長、平田篤胤の流れを汲む人たちで、これらの尊王倒幕の人たちが伊勢神宮を中心にして、神道というのは伊勢神宮と決めてしまったために、出雲が怒ってしまって、「そんなことはない。伊勢と出雲は表裏一体である」と言ったのだが、その声は通らなかった。結局、千家が負ける形になってしまった。

千家尊福は「ご先祖の祀りをしなければいけない」ということを強調する。死んだ人間のお祀りという意味ではなくて、ご先祖様をお祀りするのが出雲の本筋であるとした。（中略）こうして、いったん出雲大社は神社本庁から飛び出して、神社界とは縁のないものになってしまう。ただし戦後、出雲大社は神社本庁に所属することになった。

続けて、「明治以降の神道というのは、平田篤胤、本居宣長学派が作ったもので、伊勢神宮中心の神道になってしまった」と記しています。

［三］真澄神とは

真澄神とは、十言神呪の組立てにある五柱の神様です。その他にも多くの真澄神が存在しておられます。天津神様では、鹿島神宮、香取神宮、宗像大社などのご祭神です。国津神様では、熊野大権現、三島大社のご祭神などです。

一体、真澄神とはどのような神様でしょうか。『法絲帖』の解説である「蒼安太偉古」の中に記述があります。

その神とは
一人神であり
真澄神であり
無限法体であり
統一的主体であり
自由人格者の究極者である

このように秩序と調和を保ち、統一を守る大神様です。

人間霊界に生きる肉体人間の産みの親は大国主命です。大国主命は地球霊界の支配者です。その下には多くの神々がおいでになります。その大国主命が信仰なされる神様は太陽系の支配者である天照大御神です。――それぞれの星には、その星の支配者である大国主命がおいでになられると、門田は言います。

このように肉体の司神《つかさがみ》である大国主命と、人間の深奥に鎮まるフタ（直霊）――この中の統と共鳴しあう――の司神である天照大御神を信仰することが、真の信仰になります。この二柱の大神様をお祭りすることが、人間が現世に生まれるに際して神様との約束であった――門田は契約であるといいますが――祭祀になるのです。地球霊界での修行を終えた人間は幽界冥界に帰り、いつの日にか神にまで昇らねばなりません。脱皮に脱皮を繰り返し、神界の住人とならねばなりません。これが真の信仰であり、真澄信仰です。

神界というのは、人間の時間では、永久に変わらぬ世界のように思われます。人間に入る情報が無いせいでもありますが、しかし、門田の記録によれば、つねに変化を余儀なくされ、神界は編成され直されています。理由は、人間が幽界に帰った霊魂の状態があり、また、神様とはいいながらも種々の方々がおいでになられるからなのです。それはまさに現世と似たような様なのです。

【第六章】一霊四魂

［二］組立て

これから述べる「一霊四魂」は、第三の組立てを変形した組立てです。この組立ては――第五の組立てともいえる――新しいものです。

第三の組立てに「今一つのキーワード」をつけて「人間の本質」を現わしていると述べましたが、この本質がここの一霊四魂に隠されていると思われます。しかし、ここでの説明は、第三の組立ての「宇宙の神韻」を現す門田のキーワードを使って説明します。

これから人間を説明しますが、その前に少し説明をしておきます。人間、即ち、肉体人間はその内に幾重かに重なった無色身（体）を包みこんでいます。その無色身の上には無色心が付随し、これらが分離して働くことはありません。これらの無色心は人間の中で一つの心として働きます。

門田は生涯に一冊の著書しか著わしませんでした。それは弟子である松本紘斉氏の経営する㈱梅丹本舗（後に㈶梅研究会）が発行する『梅家族』に寄稿した短文をまとめて「喜寿の祝い」の引き出物とした『（増補）無為庵独語』です。本書（75頁）において、次のように述べています。

人間は今、「肉体と肉体心」「幽体と幽体心」「霊体と霊体心」「神体と神体心」の四種を神より賦与《ふよ》され、生かされて居り、肉体・幽体・霊体・神体を制御する四つの心の働きにも、人間が考えると、大小・高低・美醜等々の極限ありと考えられるが、……

ここに述べている用語と、これから述べる第三の組立ての用語とは若干違いがあります。ここでは、肉体・幽体・霊体・神体の四つの身(体)があり、その上に四つの心である肉体心・幽体心・霊体心・神体心が重なり合っていることだけに注目しておいてください。

『法絲帖』には、無色心と無色身とは、互いに分離することなく一緒に働くものであると示しています。また、無色身は(無色心と一緒に)、睡眠や鎮魂のように心の緊張が解き放された時に肉体から抜け出して霊界に遊ぶことがあります。これらのことを、次の引用でご覧ください。色身とは肉体のことです。

汝ら色身《しきしん》を持つ　一《いつ》にあらざる事なり
色身を一と見るは大いなる誤なり
迷《めい》　ここより発す
色身はたとえ一なりとも　無色身《むしきしん》あるなり
汝らの心は　身《しん》を以《もつ》て依処《いしょ》となす
身《しん》なければ　心ある事能《あた》わず
心天翔《あまかけ》ると見ゆるは　無色身のこれに従うなり

汝らの神にうけたるは
色身とこれに乗りたる心とのみにあらず
無色身とこれに乗りて天翔る心あるなり
神の与え給いしものを　心して見るべし

十言神呪第三の組立において、第一段を神霊界、第二段を幽界(ハルミ界)、第三段を現象界と記しました。この組立てを人間の内的世界において表現するとどうなるでしょうか。次にその図を示します。

これは組立てを、**ス**を中心にして同心円状に変形したものです。構造は玉ねぎのようになっています。中心は神霊界、包むように幽界、現象界で、最も外側は肉体です。神霊界は**ス**と**マ・カ・ミィ**からなり、幽界は**ホ・ア・ミ**、現象界は**テ・オ・ラ**とです。各界は入れ子の状態になっています。

第一章[三]において、この第三の組立の下に土台として肉体を持った人間の世界を置いて考えるとわかりやすいと申しました。図では、この肉体人間を最も外側に配してあります。ですから、肉体は不可思議な存在を包む袋です。

ここにある、肉体、現象界、幽界、神霊界の身(体)の上に心があります。その心は荒魂、和魂、

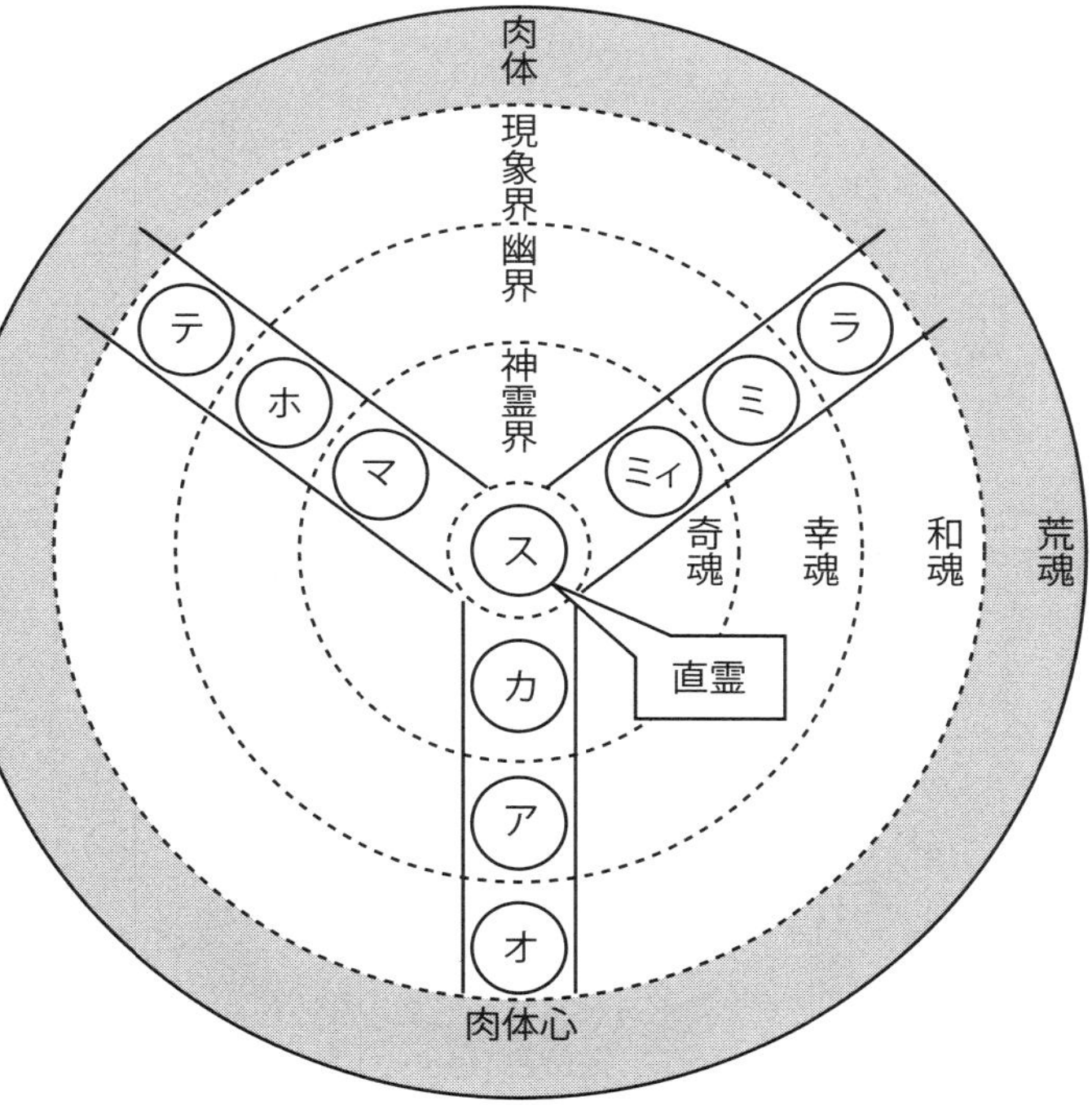

幸魂、奇魂の四魂です。ここで神霊界は、奇魂が**マ・カ・ミィ**で、直霊が統（**ス**）です。人間の中に「界」を持ちこむのは適切ではありませんが、そのままとします。

これが人間の本質で、一霊四魂を現しているものです。

このように、第三の組立を変形すると一霊四魂の表現となります。第三の組立は、我を中心として人間の眼に見ることのできない外の世界を映し出したものですが、変形した一霊四魂の組立は我（人間）の眼にすることのできない内の世界を映し出したものとなります。

肉　体＝荒魂 ↓ 神経的、生理的なもの
現象界＝和魂 ↓ **テ・オ・ラ**
幽　界＝幸霊 ↓ **ホ・ア・ミ**
神霊界＝奇魂 ↓ **マ・カ・ミィ**
（統）　直霊 ↓ **ス**

となっています。

これから重要なのは、ここに述べた変形した組立てによる一霊四魂の説明が、これまでに流布、説明をされている内容と合致しているかどうかです。これからそれを検証したいと思います。

このように構造的に一霊四魂を説明できるならば、十言神呪は画期的な神道理論となります。また、これからいくつか引用させていただきますが、一霊四魂を述べた書は多くあります。

［二］辞典・著書・ネットなどからの引用

〈1〉【神道大辞典】

シンレイ　神霊……哲学上に於ける霊魂の解釈に就いては之を措き、我が民族が本来神霊の在在を認識したことはいふ迄もない。殊に上代人は神霊の作用に二通りの区別を設けた。即ち和魂《にぎみたま》及び荒魂《あらみたま》がそれである。和魂とはこれが平和・仁慈の徳を、荒魂とは勇猛・進取の作用を有せるもので、前者は静止的もしくは調節的、即ち常の状態に在るを指し、後者は常の状態から脱出した活動的もしくは荒びすさみたる状態を指す。蓋し我等人間の日常生活の上にも平静と活動との二方面がある如くである。……なほ和魂より分れて現れたものといはれるものに、幸魂《さきみたま》と奇魂《くしみたま》とがある。幸魂は幸《さき》くあらしむる魂、即ちその身を守りて幸あらする意。奇魂は奇霊徳《くすしき》を以て万事を知り別へ、種々の事業を為さしむる魂といはれ、……。

〈2〉**『神道講義』**（廣池千九郎著、モラロジー研究所出版「社会教育資料」七十六号）

古代日本人は霊魂の作用によって霊魂に区別し、種々の名称を附したり。古書に見えたるは荒魂、和魂、奇魂、幸魂の四あり。その確実なる古書の原文によれば『神功皇后紀』の前紀は元年より前に文あり。これを前記という。それの征韓発途の条に、和魂は天皇の玉体に添えてその寿命を護る。荒魂は軍の先鋒となりてその教導をなすというを見えたり。（中略）

奇魂、幸魂は『日本紀』一巻終わり、一書曰の、大名貴命《おおなむちのみこと》が天下を平定せし後に出雲国に到り、我と共に今後天下を治むるものがないかといわれた。その時、海中より一神有りて来て、我は海の幸魂、奇魂であるというた。その大名貴の命の幸魂、奇魂は、大和国三諸山に鎮座する大神《ミワ（ママ）》の神である。（中略）すべて霊魂は大別すれば二つになる。即ち一は荒魂、一は和魂なり。和魂が二

つに分かれて幸魂となり、奇魂と分かれるということありということになれり。（中略）

これにつきて私の考えは、これは即ち古代日本人が霊魂ということに関するというよりは、むしろ人間の心理状態についての観念を現したるものと思わるるなり。古書には霊魂を四大別するに軼《す》ぎざれど、これはその作用によって、古代の人はかくのごとく、名を附したるように推察出来るなり。

人間の行為というものは、その心の働きによって荒くもなり、和かなることもなし、幸なることをなすことも出来、奇妙くすしき行為をすることも出来るという心理上の現象を説明したるものにて、今日の学問より見れば、極めて幼稚なるようではあれど、かくのごとく心理状態について観察すれば、またやがてこのことは、肉体心身の関係を知覚して居ったことを推察するを得るなり。心身の関係を知るということは、西洋学者の説によれば、大分に進歩したる人知の程度にあるものといえり。

さればこの霊魂の作用に関することは、現世と未来との関係という方面よりは、むしろ現世に関すと思わる。それ故にこのことはしばらく詳説することを止めて、霊魂の未来に関する霊魂そのものと、肉体との関係ということに、一歩進んで考えれば、日本人は霊魂不滅を信じ、而してその霊魂は現世に善をなせば、また善報を受けて高天原に行きし後に、その天祖の神霊より寵愛せらるるという観念を有して居って、現世において善行をなさんと心掛けて居り、また自分の行いの悪しきこと、または不知不識の間に犯したる悪事は、これを神に祈りて、その罪を祓い清め

るというようなことをなしたのである。これが即ち六月、十二月の大祓である。（四〇～四二頁）

ここには一霊即ち直霊には言及していないが、四魂を人間の精神を分類するものととらえています。また、「大祓詞」を「悪事は、これを神に祈りて、その罪を祓い清める」として、人間の反省の言葉としてとらえています。

法学博士・廣池千九郎先生は、国家的事業である『古事類苑《こじるいえん》』の編修員を嘱託され全巻数の四分の一を執筆された大学者です。編纂事業を終えるや病を得ました。その療養をかねて伊勢に赴任し神宮皇學館教授となりました。

明治四十一年七月の夏期講習会において「神道講義」を担当されました。引用文は原稿の代筆清書です。先生の健康状態はますます悪化し、日本赤十字病院に病身を横たえ、余命の宣告せられている床に東京大学の法学博士授与の知らせを受けます。その授与される直前の講義録です。これから宗教生活に入られます。

〈3〉【広辞苑】

直霊＝なし　　荒御魂＝荒く猛き神霊　　和魂＝柔和・情熱などの徳を備えた神霊または霊魂

幸魂＝人に幸を与える神の霊魂　　奇御魂＝不可思議な力を持つ神霊

〈4〉【大辞林】

直霊＝なし　荒御魂＝荒々しく活動的な作用をすると考えられた神霊　和御魂＝平和・静穏などの作用をする霊魂・神霊　幸御魂＝人に幸福を与える神の霊魂　奇御魂＝妙な力を持った神霊。また、そのような精霊の宿っているもの

〈5〉【おほもと】（「大本」ホームページより）

人間の本質　人間には、神から与えられた一霊四魂の働きがあります。一霊とは直霊であり、神特有の直霊です。四魂とは、神から授けられた人間特有のもので、荒魂、和魂、幸魂、奇魂をいい、荒魂は勇、和魂は親、幸魂は愛、奇魂は智の働きを受け持っています。

直霊――神は、人の霊魂に一霊四魂をお与えになっていますが、四魂は直霊がそれぞれの働きとなってあらわされたものです。これは智の働き、これは愛の働き、これは親の働き、というように、心境の変化によって勇となり、智となり、愛となり、親となるのであって、本当の心は直日の霊なのです。

荒魂――「勇」、勇の働きは進、果、奮、勉、克です。荒魂の発達している人は、勇気があり、物事を進める力があり、果敢に物事に取り組み、困難に対して打ち克つ力があるのです。

和魂――「親」、親は親和の力であり、神と親和し、人と親和し、万有と親和する力です。その働きは、平、修、斉、治、交です。平和をつくるのも、身を修め、家を斉え、国を治め、

また あらゆるものと仲良くするのも、和魂の徳です。

幸魂――「愛」、愛の働きは益、造、生、化、育です。世を益し、人に益するのも愛から出るものであり、ものを造り、生み、進化させ、育てるのも、すべて愛の働きです。

奇魂――「智」、智の働きは、功、感、察、覚、悟です。奇魂が発達すれば、真の知恵が豊かになり、巧みに物事を行うことができ、感覚が鋭く、観察力が深く、知的な覚りも精神的な悟りも優れてくるのです。

〈6〉【ウィキペディア】

概要　一般に、「一霊四魂」は古神道の霊魂観として説明されるが、実際には幕末以降に平田篤胤の弟子である本田親徳によって唱えられた特殊な概念であり、古典上の根拠は一切なく、明治以降に広められた特殊な霊魂観であり、神道辞典などには一霊四魂という名称さえ掲載されていない。

一霊四魂（いちれいしこん）とは、心は、天と繋がる一霊「直霊（なおひ）」と四つの魂から成り立つという……。

一霊四魂の構造　荒魂には「勇」、和魂には「親」、幸魂には「愛」、奇魂には「智」というそれぞれの魂の機能があり、それらを、直霊がコントロールしている。……。

これら四つの働きを、直霊がフィードバックし、良心のような働きをする。例えば、智の働きが行き過ぎると「あまり分析や評価ばかりしていると、人に嫌われるよ」という具合に反省を促す。

つまり、この直霊は、「省みる」という機能を持っている。

悪行を働くと、直霊は曲霊（まがひ）となり、四魂の働きは邪悪に転ぶとされる。

四魂の機能

勇――荒魂（あらみたま）。「勇」は荒魂の機能であり、前に進む力である。勇猛に前に進むだけではなく、耐え忍びコツコツとやっていく力でもある。行動力があり、外向的な人は荒魂が強い。

親――和魂（にぎみたま）。二つ目の魂の機能は和魂であり、親しみ交わるという力である。その機能は、一字で表現すれば「親」である。平和や調和を望み親和力の強い人は和魂が強い。

愛――幸魂（さきみたま、さちみたま）。三つ目の魂は幸魂であり、その機能は人を愛し育てる力である。これは、「愛」という一字で表される。思いやりや感情を大切にし、相互理解を計ろうとする人は幸魂が強い人である。

智――奇魂（くしみたま）。四つ目は奇魂であり、この機能は観察力、分析力、理解力などから構成される知性である。真理を求めて探究する人は、奇魂が強い。

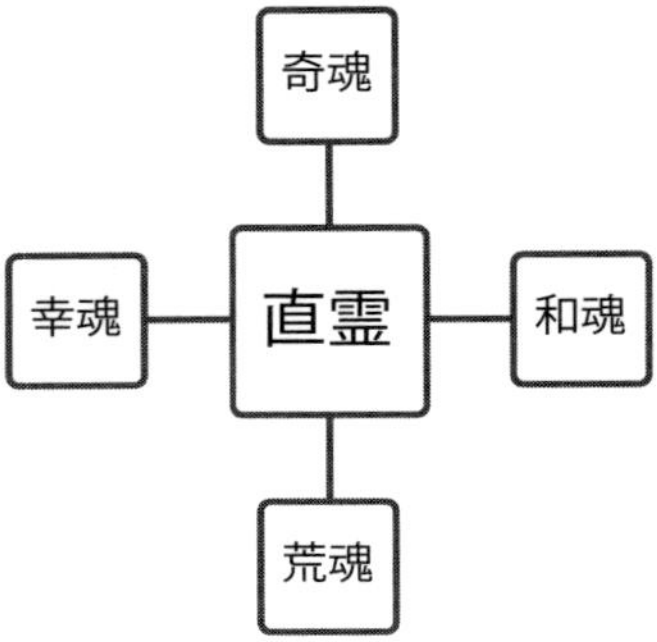

〈7〉『悟りに至る「十牛図」瞑想法』（小山一夫著）

ウパニシャッドをよく読むと、プルシャはアートマンと他の4つの要素から成り立っていると解釈できる。そしてそれらは、白、青、黄、赤、緑の5色の光を放つと書かれている。これには流石《さすが》に私も驚いた。なぜなら、これらは日本の古神道の説く「一霊四魂（直霊、奇魂、和魂、荒魂、幸魂）」と全く同じ輝きであり、質的にも酷似しているからだ。古神道では、人間には神から授けられた霊魂があり、霊は1つだが魂は4種類あると説いている。巷間、霊魂というと一塊《ひとかたまり》のようにイメージされるが、そうではない。霊と魂は出所も働きも全く異なり、さらに死後どうなるかも違うのだ。

霊は「直霊」と言い、中心力と純粋観照の2つの働きを持っている。対して、「四魂」は奇魂（智）、和魂（親）、荒魂（勇）、幸魂（愛）の働きを持つ。そして直霊から順に、白、青（青紫）、黄、赤、緑の輝きを放つ。この国境を超えた一致は偶然ではない。それは輝きの色にとどまらず、穢れ観や離脱の原理など広範に及ぶ。

例えば、アートマンの働きは、直霊と同じく、中心力と純粋観照力（プルシャを観照する働き）しかない。穢れについてもそうだ。古神道でも、直霊は穢れず、「四魂に穢れが付着する」と説く。アートマン以外のプルシャの4要素に穢れが付着するのと同じ構図だ。しかも古神道における鎮《ちん》魂帰神《こんきしん》――鎮魂法は遊離の運魂を身体の中府に鎮め、運転活用する法。帰神術は神人合一の術――

の原理は、ウパニシャッドの考え方に近い。だから、この両者を比較しながら考察すると、とてもわかりやすい。例えば、古神道の神人合一（即身化神）は、肉体から一霊四魂を分離して神と合一させようとするものであり、その後、最終的には直霊と四魂が分離して、直霊と無（真神）が融合する事になる。この辺りの流れも、ウパニシャッドや普明版などと似ていると言っていいだろう。（五四～五六頁、注は本文の中に挿入）

プルシャ

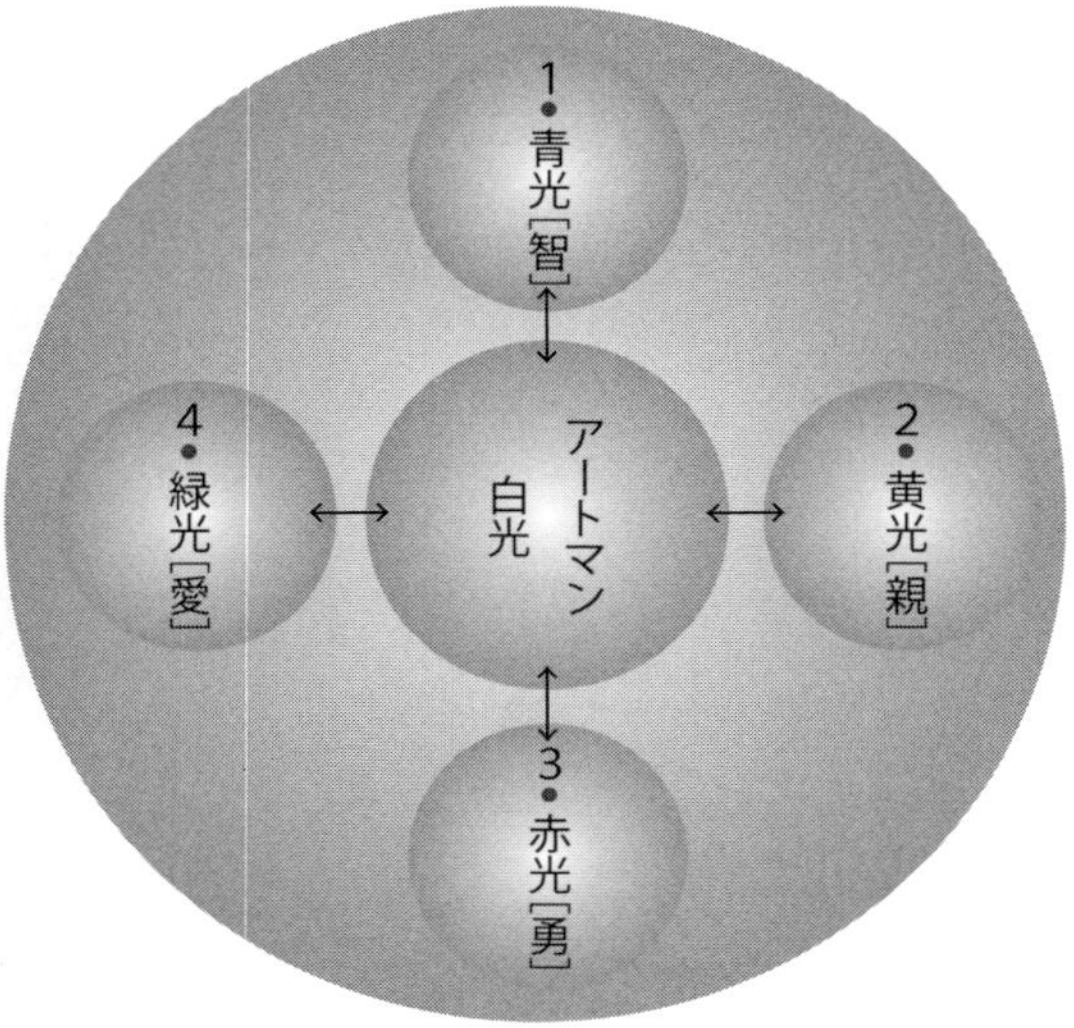

これら5要素の総称がプルシャ。仏性＝プルシャと考えると、如来蔵思想や大乗涅槃経の垢染論等とも整合性がある。
古神道と比較すると、アートマンが直霊で、プルシャの他の4要素は四魂に相当する。
これらは光輝の色についても全く同じであり、然るべき対応関係にあると考えていいだろう。

著者の小山一夫氏は、神道、仏教、キリスト教など宗教に精通された方ですが、ヨーガの研究者である佐保田鶴治氏の下でヨーガを研鑽された方です。氏自身も「火の呼吸」というヨーガの会を主宰されています。

ここに注目すべきは、四魂に対して色を示していることです。荒魂＝勇＝赤、和魂＝親＝黄、幸魂＝愛＝緑、奇魂＝青＝智、直霊＝白、としています。

〈8〉『己貴秘伝』（山蔭基央著）

本書は、山蔭家の神道秘伝を体系的に整理して著わされたマニュアルのような氏の代表的な著書です。また別に『一霊四魂』の著書もあります。

一霊四魂の生成される宇宙の生命観から説き起こし、神の本質を次のように記しています。（四八頁）

　無意識の体を荒魂、和魂と称して物の発生源とされている。また意識体の方を奇魂、幸魂と称し生命発現の根源とされ、……しかし、これで人間が生れるわけではなく、この上に「直日霊」が降臨して初めて人霊を持つ人間が発生するというのである。

直霊の意義をこのように述べ、さらにすべてのものに一霊四魂を当てはめた詳細な記述がありま

す。ここでは人間の四魂の精神面（奇幸）の分野に働いている四魂の働きを引用します。（五三頁）

直霊

荒魂＝固く硬まる心の働きであり、革新意識であり、破壊意識であり、直覚力である。そして表現意欲などである。

和魂＝柔軟な心であり、停滞を求める怠心であり、推進性の意欲である。

幸魂＝知覚であり、情欲であり、愛情であり、調和意識であり、究明を求める感情である。

奇魂＝神秘を求める心であり、思考思索の創造意識であり、冷静な統覚力であり、直覚力であり、同時に統御力である。

〈9〉『出雲と伊勢　神道の叡智』（山蔭基央著）

〔人の死後、どの魂がまず浄化するのか？〕　ヒトの霊魂は、太霊（混沌）から大元霊として分離するとき、自性《プラクリティ》（ものになるエネルギー）に周囲を取り囲まれた。それが大元霊である。これによって分霊の出現が可能となる。

分霊である元霊の中核を直日霊《なおひのみたま》と呼び、元霊の外部をなす自性を四魂と呼ぶ。一霊（直日霊）は左に回り、四魂は右に回る。左回りの直日霊は不変、右回りの四魂は次第に軽くなる。

人を構成している四魂は一八七頁の図（左図）のようになっている。……。

一霊の四魂の解明は複雑で精緻であり、ここでは「死後の世界」についてのみ短く述べる。

左の図のごとく、死後は荒魂（＝肉体）を脱ぎ捨て「和魂」を表《おもて》の体とする。（そのため、和魂を「幽体＝アストラルボディー」と言う）

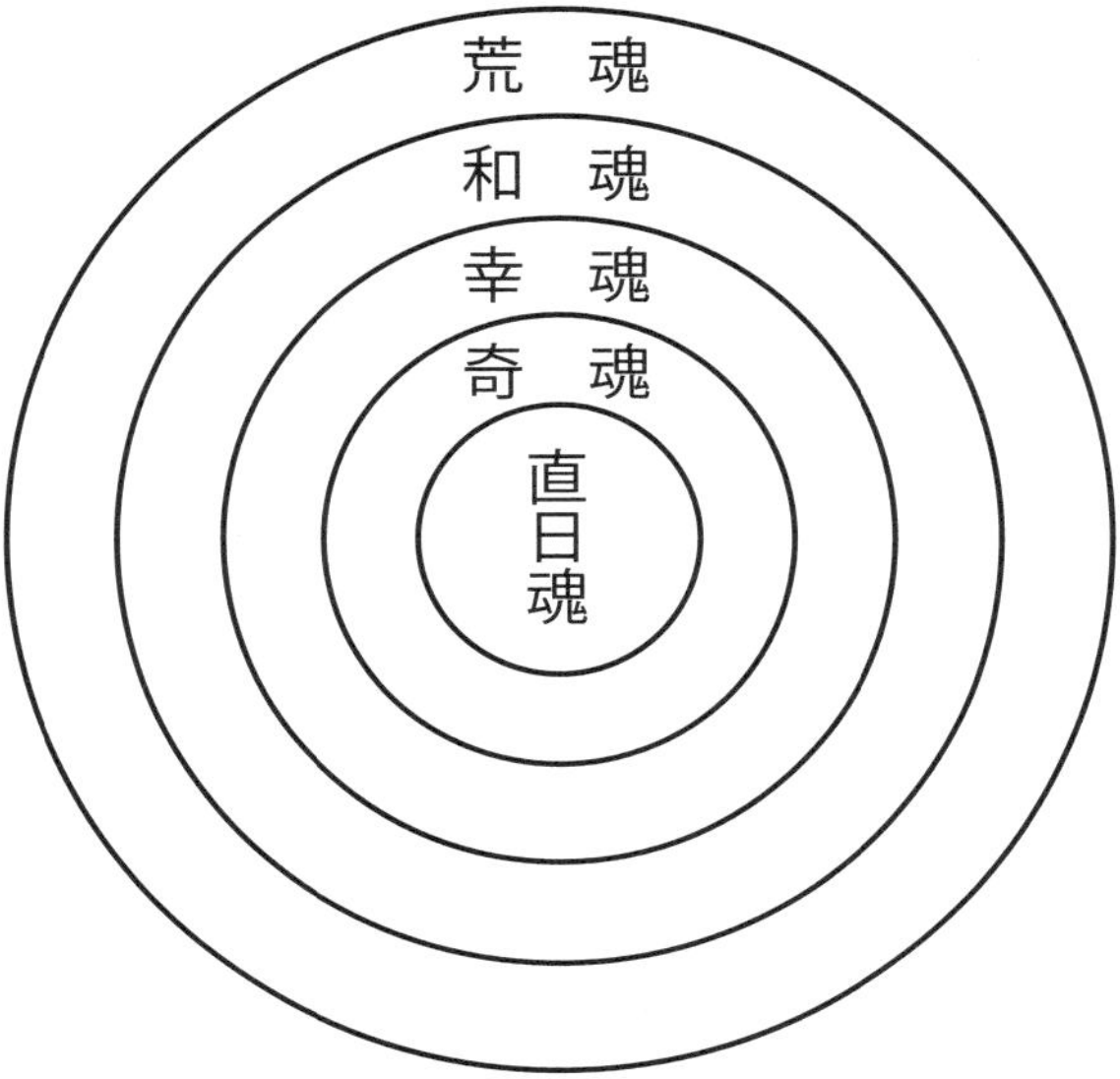

その深層にある幸魂（力能体・エネルギー体）、奇魂（意識体）、直日霊（原因体）で生きることになる。つまり「一霊三魂」となる。

やがて和魂をも脱ぎ捨て、幸魂・奇魂・直日霊の「一霊二魂」となると言われる。

この「脱皮」は禊祓を行うことによって可能なのだが、死後の禊祓も「幽界の水を浴びる」わけで、幽界には「現世に似た自然界」が存在するのである。……。

「死後の霊」を観察すると、死後、幾百年も経ているのに「戦いの傷痕が癒えず血を流している身体を現している幽霊（＝幽体）もある。その理由は「感情体である幸魂」が、生前の痕跡を脱皮しきれていないことにある。つまり生前から「感情の浄化」がいかに重要であるかを意味する。つまり、死後の霊体が清明高貴になるには、禊祓を繰り返して「霊的脱皮」をしなければならない。

〔太古神道が伝える死後の世界〕　太古神道が伝える、人の死後の世界について考えてみよう。

人間が現世での生命を終えると、その肉体（＝荒魂）を脱ぎ捨てて、幽体（＝和魂）を形成する。この幽体の中に直曰霊と奇魂・幸魂が内包されることになる。

やがて中間界と表現される世界に昇り、そこで暫く滞在する。

この中間界で、幽体＝和魂を脱ぎ捨てて、直曰霊と奇魂・幸魂は天高き霊界へ移動し、さらに浄明界《じょうめいかい》・神界へと上昇する。

このとき大切な点は、「人間の霊魂」（魂）は、ただ単に〝あの世〟の中で移動を繰り返すのではなく、「精神の脱皮」というべき作業を繰り返し、「古い意識の殻」を自らの力で脱ぎ捨てて、一つ一つ精神的に成長していかねばならないという点である。

この作業を繰り返し行うことで、人間の魂（霊魂）は純粋無垢の聖霊へと成長し、やがて究極には融合の世界へ入るとされる。

この太古神道の思想の根源には、人間の霊魂（魂）は、巨大なエネルギーから分裂・分離したもの（＝分魂《わけみたま》）で、それが現世に出現するという考えがある。だからこそ、現世での活動が終わると、霊魂（魂）は様々な殻を脱ぎ捨てて、元の世界へと帰元融合すると考えているのだ。

この「帰元融合の理」が大切である。このことを知って頂きたい。

（一八五～一八九頁、一部英表記を略した）

本著は山陰基央氏の最後の著書と思われます。

ここにある直日霊は直霊と同じ言葉です。

ここに示している図は、本書以前には見当たらないように思います。この図は、十言神呪の組立てを変形した［二］に示してある図（111頁）とまったく同じであることに注目してください。一霊四魂の解説には、〈6〉や〈7〉と同じような図を見かけますが、ここにある図示は珍しい図です。

さらに本書には、一霊四魂の死後の行方が記されています。死後の行方から四魂の脱皮の様子など興味深い記述があります。このことにより荒魂、和魂、幸魂、奇魂の構造がよく理解できます。

［三］整　理

［二］に辞典、著作、ネットから一霊四魂にかかわりのある部分を引用しました。これから、十言神呪との対比をしてみましょう。

〈1〉「上代人は神霊の作用に二通りの区別を設けた。即ち、和魂及び荒魂がそれである。和魂とはこれが平和・仁慈の徳を、荒魂とは勇猛・進取の作用を有せるもので、前者は静止的もしくは調節的、即ち常の状態に在るを指し、後者は常の状態から脱出した活動的もしくは荒びすさみたる状態を指す。蓋し我等人間の日常生活の上にも平静と活動との二方面がある如くである」

〈2〉「これにつきて私の考えは、これは即ち古代日本人が霊魂ということに関するというよりは、むしろ人間の心理状態についての観念を現したるものと思わるるなり。古書には霊魂を四大別するに軼《す》ぎざれど、これはその作用によって、古代の人はかくのごとく、名を附したるように推察出来るなり。

人間の行為というものは、その心の働きによって荒くもなり、和かなることもなし、幸なることをなすことも出来、奇妙くすしき行為をすることも出来るという心理上の現象を説明したるものにて」

〈1〉〈2〉には神霊の作用、あるいは人間の心理状態についての観念を述べたものとあります。荒魂・和魂から四魂が生まれ出たことを示しています。しかし、今日のような一霊四魂の考えが生まれるには、人間の分析力の発達が必要であったのでしょうか。〈6〉に「直霊の考えが現れるのは、古代にはなく、復古神道がさかんとなった江戸時代以降のようです。」とあります。

次に、一霊四魂の検討に先立って引用文の中に示している一霊四魂の説明を簡略に並べます。

《一》直霊

〈5〉神は、人の霊魂に一霊四魂をお与えになっていますが、四魂は直霊がそれぞれの働きとなってあらわされたものです。本当の心は直日の霊なのです

〈6〉これら四つの働きを、直霊がフィードバックし、良心のような働きをする。直霊は、「省みる」という機能を持っている

悪行を働くと、直霊は曲霊（まがひ）となり、四魂の働きは邪悪に転ぶとされる

〈7〉霊は「直霊」と言い、古神道でも、直霊は穢れず、「四魂に穢れが付着する」と説く

〈8〉「直日霊」が降臨して初めて人霊を持つ人間が発生する

《二》奇魂

〈1〉奇魂は奇霊徳《くすしき》を以て万事を知り別へ、種々の事業を為さしむる魂

〈3〉不可思議な力を持つ神霊

〈4〉妙な力を持った神霊。また、そのような精霊の宿っているもの

〈5〉「智」。奇魂が発達すれば、真の知恵が豊かになり、巧みに物事を行う、感覚が鋭く、観察力が深く、知的な覚りも精神的な悟りも優れてくる

〈6〉この機能は観察力、分析力、理解力などから構成される知性である。真理を求めて探究する人は、奇魂が強い

〈7〉奇魂（智）
〈8〉神秘を求める心、思考田索の創造意識、冷静な統覚力、直感力、統御力

《三》幸魂
〈1〉幸魂は幸《さき》くあらしむる魂、即ちその身を守りて幸あらする意
〈3〉人に幸福を与える神の霊魂
〈4〉人に幸福を与える神の霊魂
〈5〉「愛」。世を益し、人に益する、ものを造り、生み、進化させ、育てる
〈6〉「愛」。その機能は人を愛し育てる力である。思いやりや感情を大切にし、相互理解を計ろうとする人は幸魂が強い人である
〈7〉幸魂（愛）
〈8〉知覚、情欲、愛情、調和意識、究明を求める感情

《四》和魂
〈1〉平和・仁慈の徳、静止的もしくは調節的、即ち常の状態に在るを指し
〈3〉柔和・情熱などの徳を備えた神霊または霊魂
〈4〉平和・静穏などの作用をする霊魂・神霊

〈5〉「親」、親は親和の力であり、神と親和し、人と親和し、万有と親和する力です。平和をつくる、身を修め、家を斉え、国を治め、あらゆるものと仲良くする
〈6〉親しみ交わるという力である。その機能は「親」。平和や調和を望み親和力の強い人は和魂が強い
〈7〉和魂（親）
〈8〉柔軟な心、停滞を求める怠心、推進性心

《五》荒魂
〈1〉勇猛・進取の作用。常の状態から脱出した活動的もしくは荒びすさみたる状態を指す
〈3〉荒く猛き神霊
〈4〉荒々しく活動的な作用をすると考えられた神霊
〈5〉「勇」。荒魂の発達している人は、勇気があり、物事を進める力があり、果敢に物事に取り組み、困難に対して打ち克つ力がある
〈6〉「勇」。勇猛に前に進む、耐え忍びコツコツとやっていく力。行動力があり、外向的な人は荒魂が強い
〈7〉荒魂（勇）
〈8〉固く硬まる心の働き、革新意識、破壊意識、直覚力、表現意欲

ここで改めて第三の組立てによる一霊四魂の考え方を整理しておきます。

直霊——**ス**＝秩序

奇魂——**マ**＝法則

カ＝神格

ミイ＝ビッグバン

幸魂——**ホ**＝愛

ア＝人格

ミ＝エネルギー

和魂——**テ**＝因縁

オ＝我

ラ＝バイブレーション

荒魂——和魂と同じ**テ**、**オ**、**ラ**が神経的・生理的に表現され質的な変化が大きい。さらに、幸魂、奇魂の事柄が表面化することもある

これと右に整理した事柄と突き合わせて、検討してみましょう。

[四] 検　討

《一》直霊

〈5〉〈6〉には、直霊には特別の地位が与えられています。直霊が四魂をコントロール、フィードバックするような役割が与えられています。

〈6〉「悪行を働くと、……、四魂の働きは邪悪に転ぶとされる」〈7〉「直霊は穢れず、四魂に穢れが付着する」とあります。人間の行動によって直霊でなく、四魂が穢れることを述べています。〈8〉「これ（四魂）で人間が生まれるわけではなく、この上に「直日霊」が降臨して初めて人霊を持つ人間が発生するというのである」とあります。生命の吹き込まれる様子があります。

これらのことは、第三の組立ての**ス**の位置、また、一霊四魂の組立ての**ス**から当然のことと考えられます。**ス**は生命を与える詔を出し、一方において人間の中心の**ス**は詔を受けとっています。

《二》奇魂（**マ・カ・ミィ**）

「奇すしき徳、不思議な力、神の神秘、真理を求める、真の知恵が豊か、感覚が鋭く観察力が深く、真理を求めて探究する、創造意識」などとあります。これは**マ**の法則です。この中には**カ**の神格はみられませんが、**ミィ**のビッグバンをみます。

《三》幸魂魂（**ホ・ア・ミ**）

「幸あらする、人に幸福を与える、愛、神の恵み、人を愛し育てる力」の中に**ア**の人格をみます。「相互理解を計ろうとする、調和意識」などは**ホ**の愛です。「情欲、知覚、究明を求める感情」に、**ミ**のエネルギーをみます。

《四》和魂（**テ・オ・ラ**）

「平和・仁慈の徳、柔和・静穏、親の機能、親和の力、万有と親和する力」から、**オ**の我を強く感じます。「停滞を求める怠心」に**テ**の因縁、また「親和性」の中に**ラ**のバイブレーションをみます。

《五》荒魂

「勇猛・進取の作用、荒く猛き、活動的、勇、物事を進める力、困難に対して打ち克つ力、外内的、破壊意識」などは、肉体人間の生理的な必然的な働きでしょう。我の中の粗野な面です。これを霊体は進化向上させねばなりません。それが和魂の中の**オ**にあります。

【結び】

一霊四魂の解釈について流布している説と、変形した十言神呪の組立てとの間で検討をしました。以上から考えて、変形した十言神呪の組立ては一霊四魂を表現していると考えて間違いはないと考えます。

ここで、一霊四魂の解釈として表れた主要な神呪は**ス・マ・ホ・テ・オ**であることに気がつきます。これは、十言神呪の組立ての「道の道」になっています。したがって、「霊の道」「祭の道」の一霊四魂はあまり表面化しておりません。ここに隠されたものがあり、一霊四魂の解釈としてはまだまだ深い真理があると考えられます。

また、この一霊四魂のとらえ方は、〈２〉『神道講義』に述べてあるように、人間の心理的な側面を現していると考えれば、日常生活の上にこの考え方は現れているはずです。そこに人間の霊的な発展段階を観ることができるでしょう。

この一霊四魂は実体として存在するものと考えます。それが〈７〉『悟りに至る「十牛図」瞑想法』の記述です。その実体は、人間がこの世を去って霊界に帰る時、『出雲と伊勢　神道の叡智』の中にあるように一霊四魂の脱皮すると思われます。この姿を思い起こし、この世で何をしなければならないのかを考え、反省したいものです。

門田は、明魂慰霊祭において「奇魂よりも和魂がお越しいただけた時、祭典は成功だ」、それは「御魂の色によって判るものだ」と言っていました。

さらに重要なことは、十言神呪の外界を示す組立てと、内界を示す組立てとは対応していると考えられます。人間は現世での生活において、外界の第三の組立てを実行しているのですが、実は、この内界の一霊四魂に影響を与えているのです。

真澄信仰を通して、より効果的にそのことを体現することができましょう。成果は外界と内界の両方に顕れます。外界の**ス**と内界の**ス**は共鳴し合い、人間にさらなる詔をくだし、使命を与え、神々はその方向に誘なわんとするものです。

後篇　十言神呪　【道《どう》の道《みち》】

法学博士　廣池千九郎先生の御霊前に捧げます

はじめに

私は高等学校の教員として過ごし、学的な知識は平凡なものしか持ち合わせておりません。浅学菲才と言挙げするのもおこがましいですが、少し述べます。

神道、仏教、修験道、儒教、道教、ヒンズー教、キリスト教などを通し共通のテーマになっているものが三つあるように思います。第一は人間の身体観、第二は加持祈祷の呪術的なこと、第三は己の存在を確かめようという霊的な自覚（悟り）です。その他に、思想の優劣を論ずるような議論などもありますが、それは置くとします。

第一については、滝の水に打たれ、水をかぶるような禊、あるいは断食など身体の清浄を願う行です。仏教の十二因縁論は煩悩の住みかである身体を清めようとする思想と思えます。さらには、鎮魂帰神、坐禅などその肉体の衣を忘れようとする姿と思われます。人間は己という肉体の扱いに困っています。

第二は、病人を加持祈祷によって救おうとすることに端的に現れています。人間として生まれて、他人のために尽くすことは心の誠でしょう。己の修めた行を他人のために使うものです。

第三は、人間を霊的な存在と観じ、それを探り、磨くことです。神道の一霊四魂、仏教の仏性（如来像）、ヒンズー教のアートマンを求めることなどに現れています。根源的な人間存在を極めんとする真摯な悟りを求める心です。

ここに述べた三つの課題は、宗教の共通のテーマと申しましたが、現世に生きる人間の課題ともなります。また、この三つはそれぞれからみ合って関係をしております。

第一の問題について少し言葉を続けます。このことは多くの哲学として表現されています。道元禅師の「身心脱落」、大乗仏教の「南無阿弥陀仏」、遊行上人の生き方、仏教における本覚思想、神我一体、あるいは、天理教の教えの中の「借り物、貸し物」、生長の家の「人間は神の子」、『道徳科学』の「自我没却神意同化」などは、肉体を捨て去ったあとの霊的人間と神様との関係をとらえようとしたのではないかと思います。『ババガットギーター』には肉体を神に捧げ、その成果を神に捧げる姿があります。また、パスカルの『パンセ』の中にも見られます。

法学博士・廣池千九郎先生により著わされた『道徳科学』は、博士の碩学を俟《ま》って完成された偉大な道徳哲学です。また、みずから歩まれ、多くの門弟を指導された跡をつぎつぎに積み重ねられた実践哲学でもあります。

私の神様は「『道徳科学』は、十言神呪の「道の道」である」と申されました。本書に述べるところは、この『道徳科学』に示された「最高道徳」を十言神呪の「道の道」として十個の原理を組立て、立体的にしたものです。原理と神様との関係をはっきり示し、さらに、その内容を「ムユ」という概念において膨らませて述べました。

本書により、人間は、単なる肉体人間としてだけでなく、限りなく浄化するとき、さらに幅広い存在とすることができます。そこには、霊的な存在として人間の魂の磨きがあり、人の道を探究することができ、さらには、他人の救済の道へと進んでいきます。即ち、初めに述べました宗教の三つの問題にかかわってきます。

十言神呪の「霊の道」「祭の道」は、真澄洞創始者 門田博治先生が神様より賜ったものです。この十言神呪は、門田先生が「古神道」――古神道とは仏教の入る前の神道のことです。神道という名称はなかったのですが、神の道――の研究としての成果でありました。その姿は『光る国神霊物語』（宮帯出版社）として著わしてあります。

本書は、我々の住むこの世界は「人間霊界」であるという立場において述べております。宇宙には神々が存在し、くさぐさの霊人の住む霊界が存在しています。その一つの霊界が我々の住んでいる地球であり、人間霊界です。それらくさぐさの霊界については『ナナヤの宮参宮記』（鳥影社）の後記に示してあります。したがって、肉体人間が死ねば、肉の衣を脱ぎ捨てた次の人生が待っている。即ち、別の霊界の住人となるのです。

平成三十年八月二十二日

目次

十言神呪　第四の組立て

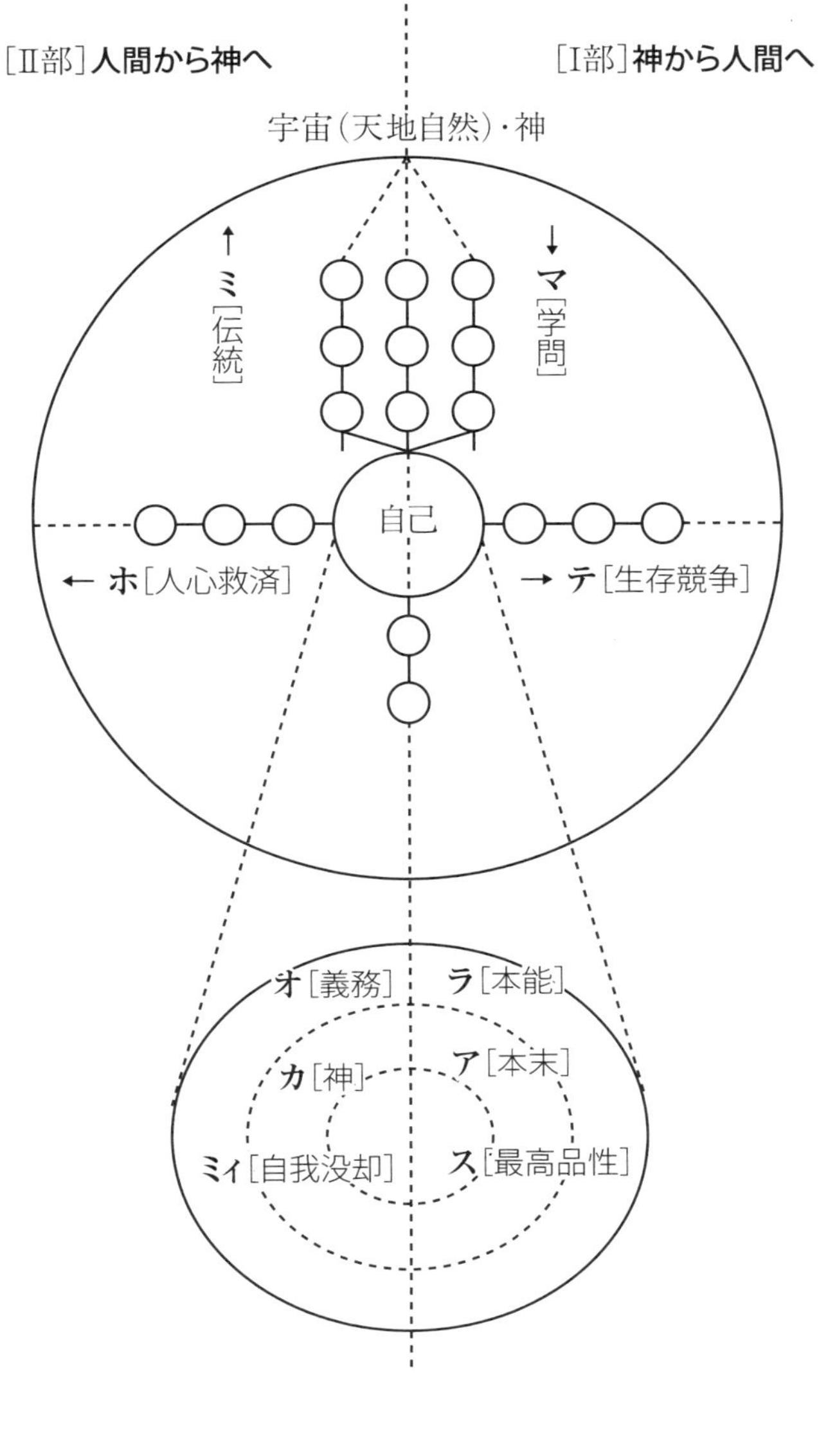

[Ⅱ部]人間から神へ
[Ⅰ部]神から人間へ
宇宙(天地自然)・神
↑ミ[伝統]
↓マ[学問]
自己
← ホ[人心救済]
→ テ[生存競争]
オ[義務]
ラ[本能]
カ[神]
ア[本末]
ミィ[自我没却]
ス[最高品性]

【第一章】はじめに——組立ての概略

今、現世に存在する人間を考えます。
神様はつねに万物に詔《みことのり》を発しています。人間に真理を伝えています。〈マ〉
しかし、人間はその声を聞くことができないのです。その原因は人間の持つ肉体の衣にあります。〈ラ〉
その衣の奥には、神様の心の慈悲心が眠っています。しかし、肉体の衣によってこの心が曇らされているのです。〈ア〉
さらにその奥には、外なる神様からの詔、真理の声、使命を受け取る奇しきところがあります。この深奥なるところには、さらさらに神様の声は届きません。〈ス〉
その結果、人間は社会生活において動物的な競争を起し、社会から一定の評価が与えられることもありますが、浮沈の生活を送ることになります。〈テ〉

この状況に甘える者はそれで良いでしょう。しかし、いつかは、この状態から抜け出ようと願う時が来るものです。優しい心が曇らされていては、人間関係に悩み苦しむでしょうから。神仏やご祖先に気づき、この状況を打ち破ろうとする者が救われる者で、進化向上への道に入る者です。

外なる神様の声を深奥の中に響かせるには、神様にまつろひ、敬神崇祖に励み、その受信態勢を整えねばなりません。〈ミ〉

その心掛けが、人間的な欲求をコントロールする、即ち、肉の衣を捨てることになるのです。道の人となることによって、道は開かれるのです。〈**オ**〉

神様に愛されていることを自覚すれば、肉の衣の奥の神様の愛がしぼり出されるようになります。〈**カ**〉

さらには、天地自然の生成化育の道に同化することです。これは自我が溶け大我に同化する道です。〈**ミィ**〉

そして、万物と自他一体にならねばなりません。〈**ホ**〉

かくて、実行、行を続けるとき、人間の不可思議なところが息を吹き返します。〈**ス**〉

ここに、神の声、真理の声が届くようになります。〈**マ**〉

その神様に引き出された慈悲は目覚め、〈**ア**〉

もはや人間としての必要以上の欲求は薄れていき、〈**ラ**〉

無駄な競争はなくなります。ここに人間の本質は陰に陽に輝き、社会的な地位が得られ、富を得ることができるようになります。〈**テ**〉

こうして循環的に勤める時、人間は進化向上への道を歩むことができます。

【第二章】十言神呪の第四の組立て

［一］誠字（マ字）神呪

これから述べますのは十言神呪《とことのかじり》の「道の道《どうのみち》」の「第四の組立て」です。「道の道」を最初に啓かれましたのは廣池千九郎《ひろいけちくろう》博士です。それを「最高道徳」と名付け、『最初の試みである道徳科学の論文』として体系され、昭和元年に公にされました。多くの方々を指導して救われ、その効果的なことを著わされています。

本書は、この「最高道徳」の組立て、構造を説明するもので、道徳の核心を突き、思想を深化させるものです。肉体を持つ人間としての道徳にはこれ以上ないものと確信します。

十言神呪「道の道」には表と裏があります。それは「最高道徳」の第一部、第二部となっています。これから表裏それぞれについて五回、まとめをつけ加えて十一回を述べます。住江の大神様より伝授されました十言神呪の第四の組立ての上に立って進めます。この第四の組立てを第三の組立てと照らし合わせながらお読みいただけるならば、さらに理解が深まるものと考えます。

まず、人間を支える肉体について述べます。現世を生きるには肉体を持たざるを得ません。現世において如何にして品性を完成しつつ、如何にして幸福《しあわせ》を作り出すかが重要な課題です。人間生活には苦難がつきまといます。これを脱するにはどのようにするといいのでしょうか。

十言神呪の前段階である『生長の家』をお作りになられた谷口雅春先生の著書には「神想観」のよ

うな肉体を消しながら神々の世界に入っていく、肉体をあつかう術《すべ》を記しております。また、「最高道徳」にもあります。共に住江の大神様の啓示されたものだからでしょう。その意味で最高道徳的肉体観と、生長の家の肉体観というものを結びつければ、最高の肉体観ができると思われます。

さらにつけ加えますと、廣池博士がご修行された天理教には「貸し物・借り物」という考えがありますが、これもその肉体観の延長にあると思います。肉体観はさまざまな考えを広く結びつけることができます。そういう考えの上に人間は存在しなければならないものです。

さらにこの問題は真澄哲学の「ムユ（無由）」の問題として存在します。現界の肉体の世界から、ムユをして、如何にして幽界・霊界の世界にまで肉体を拡げ、変化させるかということです。

これから十言神呪の各神呪に対応させて「最高道徳」の中の原理を示します。これらの原理の名称は、図（141頁）には原理名を略して「」内に記入してあります。廣池博士自身によるものです。

最初は十言神呪の誠字（以下マ字）神呪です。即ち、「最高道徳」の「純粋正統の学問の原理」にあたります。主祭神は住江大神です。

真理は神界から現界に降されます。真理の降ろされるこの筋を「縦の筋」としておきますと、この縦の筋を通して学問・知識・技術などの諸々の真理が降ろされることを説明したものが、純粋正統の学問の原理です。

当然、それを荷《にな》う人の上に、役割を分担して降ろされ、年月の流れの中においてさらに発展し引き継がれていきます。それを分類すると国家的、血筋的、生活的、そして精神的となります。それぞれの筋を通して種々のものを賜り今日の文化文明が創られてきました。現世に真理が伝わってきたこの筋を人間は大切にしなければなりません。

また、この縦の筋を通して人間の無色身は神界に行き来し、夢に、インスピレーションにといろいろのものを現世にもたらします。ですから、人間の最大の特徴であるこの筋を大切にしなければなりません。人間と神様との交流が無いところ、人間は動物の域のままです。

「最高道徳」ではこれらの縦の筋を伝統と呼びます。即ち、国の伝統、家の伝統、物質生活の伝統、精神伝統です。

> 最高道徳《さいこうどうとく》とは第一は日本皇室《こうしつ》の御祖先《ごそせん》たる天照大神《アマテラスオホミカミ》様を中心とする所の道徳系統《けいとう》、第二は支那の孔夫子《こうふうし》を中心とする所の道徳系統、第三は印度《いんど》の釈迦如来《しゃかにょらい》を中心とする所の道徳系統、第四はユダヤのイエス・キリストを中心とする所の道徳系統・第五はギリシアのソクラテスを中心とする所の道徳系統で御座《ござ》りまして、此《この》五つの道徳系統に一貫《いっかん》する所の思想及び道徳の原理《げんり》を指すので御座ります。
>
> （『復刻版　廣池千九郎モラロジー選集』収録の『新科学モラロジー及び最高道徳の特質』（一～二頁。以下引用は頁のみを記し、……は中略を示します。ルビのカタカナは著者、ひらかな

は本著者です。また、引用文には不適切な言葉があるかもしれませんが、資料として、そのまま引用いたしました）

五大聖人の中に天照大御神が入っています。これは日本文明の根源が天照大御神にあることの現われと思われます。天照大御神の神使《しんし》（勅命伝達神）が少彦名命であり、少彦名命と大国主命との国造りは『古事記』に記されている通りです。両大神様の心映えにより日本は作られてきました。現世に生活をされたのではないのですが、精神的な源流は畏くも天照大御神にあると言っていいと思います。学問的な上から五大聖人を立てられたものと思います。

ここでは歴史上に存在した孔子、釈迦、キリスト、ソクラテスの四大聖人とは分けて考えます。大御神の精神はこの四大聖人の上にも現れていると思います。

この四大聖人が精神伝統にあたります。精神伝統の源流である神々は最も重要なものです。神々のお考えが四大聖人の上にくだり、その聖人を継承して人間は育って来ました。我々人間の存在する基盤は四大聖人にあると言わねばなりません。その精神の上に国の伝統、家の伝統、そして物質生活の伝統が生まれてくるのです。

神界から降りた純粋の学問でない学問を「異端《いたん》の学問」といいます。この異端の学問に対して憂うるところは「最高道徳」の中に詳細に記してあります。人間が幸福な人生を送る上において、不幸な方向に誘導する考え方であるのです。それはいろいろな理由があると思いますが、次の引用を参照してください。

> 現代世界に於《お》ける精神科学《せいしんかがく》方面の有様を見ますのに、すべての人々は何の為《ため》に学問を為《な》すか其《その》目的にも方針にもすべて其標準《ひょうじゅん》が定って居《お》らぬのであります。而《しこう》して卓越《たくえつ》せる真の学者は姑《シバラ》く措《サシオ》きまして一般の精神科学者の中には、公平無私《こうへいむし》なる真理探求の精神に乏《とぼ》しく、自《オノツカ》ら其自己の生活上の境遇《きょうぐう》と其立場とにより自己の利害関係若《も》しくは感情を主とし、独断《どくだん》を以《もっ》て其学説を組み立てて之《これ》を民衆に開示《かいじ》するものが多いのであります。従って其一般人の実生活上に於ける方針及び方法には更に一定の標準なく、其日、其時若くは其場合にて自分の利己主義に合《がっ》する所の学説を善として之に従ひつつ生きて居るので御座ります。それ故《ゆえ》に多数の民衆は道徳心なき学者若くは識者《しきしゃ》に誑《ダマ》されて社会の波浪中《はろうちゅう》に浮沈《ふちん》して居るやうな状態であるのです。（四一頁）

神々の世界は秩序と調和と統一のとれた世界であり、そこに神々の麗しい黄金世界があると申したいのですが、少し言い過ぎかもしれません。それは悪しき神々（イナルモノ）が存在するからです。悪しき神々は真の神々の秩序と調和と統一のとれた世界を崩そうとしているのです。それが欲望の世界です。

それと同じ問題が、我々人間の住む現世の世界の中においても行われているのです。ですから、真に知徳の備わった学者は欲望を肯定することはなく、必ず秩序と調和と統一のとれた世界、即ち黄金世界を目指しています。それを破ろうとする諸々の欲望を肯定する学者が存在することは悲しいことですが認めねばなりません。

欲望の蔵といわれる肉体を捨てた――霊界に帰る――ならば、人間の欲望が消え去るかといえば、そうでもありません。残念ながら、この肉体を捨てるだけで純粋な世界に入っていくことはできません。そこに覆い被さるものは何かといいますと、人間としての業《ごう》です。この業の問題はこれからの主題の一つとなります。

次に、肉体を限りなく透明にしていった存在としての肉体の問題があります。それが真澄哲学の「ハルミ（玻婁彌）」――この言葉は富士山権現より門田が賜ったものです――の問題です。これもまた後に述べると思いますが、ハルミの世界を経由しながら、真の神々に仕えることをなさねばならないのです。

肉体を限りなく清浄にし、透明にしていく世界、その世界がマ字神呪の裏にあるミ字神呪の「伝統の原理」です。ここにおいて重要となってきます。即ち、神々をはじめ四つの伝統にまつろうということは、単に肉体人間がまつろうだけでは不十分です。ハルミの状態においてまつろわねばなりません。でなければ、決して真の神々――真澄神に出会うことはできないのです。

神々の命《めい》によって現世に現れた聖人を通して、人類はくさぐさのことを導かれ、学んで来ました。しかし、真理と欲望との混濁した知識に導かれ、今日の文化文明が成り立ってきました。この欲望という渦巻を現世の中において如何に浄めていくか、その核心を述べようとするのが本書です。人間の欲望を如何にして消去していくといいのかを、考えていただきたいのです。

真理とはどのようなものでしょうか。マ字観法の最後に次のような言葉があります。「智恵《ちえ》は愛を得て全《まった》きなり。愛は智恵を得て全きなり。智恵と愛と共に生くるが『まること』なり、『誠』なり」。真理とは知徳一体《ちとくいったい》でなければなりません。

最後に人間の実体について少し伝えておきます。

ここにいう実体とは、我々人間が眺める実体という意味ではなくして、神々が眺める実体ということです。では、神々が存在を認める人間の実体とは何でしょうか。人間は肉体を持っていますが、肉体を含めてこの中に隠されているものすべてが、神々からご覧になられた人間の実体です。

前篇において詳しく述べましたが、人間は一霊四魂《しこん》を持つといいます。人間の最も奥の中に一霊、即ち直霊《なおひ》という貴いものが鎮まっています。直霊を包んで四魂が存在をします。真澄哲学では直霊をフタといいます。また、人間を守る三柱または四柱からなる守護霊が存在し、これをミヨといい、四魂の上にあるとします。さらに、守護神がそれらを統括しますが、これをイツといいます。このイツはいただいている方といない方がいます。さらにそれらを支えるヒトが存在します。

	イツ	
ミヨ	フタ	ミヨ
	ヒト	

ヒトは肉体人間の生命《いのち》そのものを支えるものです。これが真澄哲学の霊魂観です。

フタと四魂、四魂とミヨは相互に影響を与えながら存在をしています。ミヨは四魂に覆いかぶさっていると考えていいようです。我々人間は三柱または四柱からなるミヨの上に肉体の衣をかぶっています。

ミヨは守護霊ですが、ほとんどが祖先霊です。ミヨは四魂の上に覆いかぶさって、人間にいろんな業《わざ》をなします。そのときにミヨは人間のそれぞれの部分を分けて担当し、覆いかぶさってくるのです。一柱のミヨが覆いかぶさって、すべてを執行するのではありません。三柱または四柱のミヨが一人の人間に覆いかぶさるのですが、それらの混成したものが人間のミヨとして働きます。ミヨは生前の己の欲望を達しようとし——死んでも消えないといった業因縁のなせるわざです——、あるいは己の役割を正直に達成しようとします。ミヨはすべてが悪いというものではなくして、修行をなそうとする良いものもあります。ミヨは自分の役割が終わると交替します。一年のうちに一つは交替します。交替は、自分の心の中を注意して眺めていると知ることができます。今までの心がふっと変わることがあります。このように人間にはいくつもの心が重なっているものです。これが人間の構造になります。

繰り返しますと、神々から見たところの人間の実体はヒト、フタ（一霊、直霊）、四魂、ミヨ（祖先霊）、イツ（守護神）です。それらは、肉体という存在の上においてそれぞれの役割を果たしているのです。

魂消《たまげ》を説明しておきます。霊体が幽界から消える、消されるという特殊なことがあります。霊体は幽界において修行しますが、呻吟し更生する道がないと思われるときです。一方、ミヨはあるところにおいて脱皮することがあります。ご先祖の御霊が霊的に進化・向上をするときに古い抜け殻を残します。その古い抜け殻が消えることがあります。大きく分けるならば、この二つの場合です。

人間が死を迎えると、ミヨは離れ、霊体の一霊四魂になります。四魂も次第に分離します。生存中の修業の情報は、知情意などを司るところの四魂の中に蓄えられます。幽界・冥界に帰った霊体は、その本性が現れそれぞれに振り分けられます。この様子については『ナナヤの宮参宮記』、『法絲帖』などに記してありますのでご覧ください。

フタは神々と結びつきの強い御霊です。ここのマ字神呪やその裏側にあるミ字神呪がそのことを教えています。神とフタとの結びつきこそが最重要な問題なのです。「純粋正統の学問の原理」と「伝統の原理」は表裏の関係にあります。

[二] 顕字（ア字）神呪

今回は、顕字（以下ア字）神呪、即ち、「最高道徳」における「人類実生活の本末に関する原理と最高品性完成の方法」です。主宰神は天照大御神です。

まず述べねばならぬことは、このア字神呪の裏側にカ字神呪、即ち、「神の原理」があることです。神の愛・慈悲を述べています。ア字神呪はこの裏側の原理と併せて読んでいただければ理解が深まるでしょう。

ア字神呪が人格の基である神の愛・慈悲であることは、第三の組立てにおいても示してある通りです。人間の心の中にこの神の愛・慈悲、さらにその奥には最高品性が眠っているのです。それを目覚めさせねばなりません。

> そこで聖人《せいじん》は此最高品性《さいこうひんせい》を天爵《てんしゃく》と称《しょう》して神から賜《たま》はった所の爵位《しゃくい》と称せられ、人間の力及び其力の結果たる財産若くは社会の好地位《こうちい》をば人爵《じんしゃく》即《すなわ》ち人間の造った所の爵位と申されたのであります。而してすべての人間は先《ま》づ天爵即ち人間最高の品性を修むべしと教へられたのであります。即ち天爵を修むれば人爵は自然と之に従って出来ると申してあります。然《しか》るに現代の人は此本末《ほんまつ》を転倒《てんとう》致しまして全く自己の品性を完成する事をば務めず、直《ただ》ちに其結果たる金銭、物質、権力若くは社会の好地位の獲得《かくとく》に向って突進《とっしん》するのであります。（一三一～一三二頁）

「道の道」における神の愛・慈悲は、人間の一体どこから生ずるものでしょうか。

前回は人間の実体のことを述べました。それは人間が見る肉体人間という実体ではなくして、神々がご覧になられる実体として、その構造につき簡潔に述べました。その際は外から中に説明しました。

さて、神の愛の本質は何か、またどこから来るものであるのか。それはフタから湧き出るものです。フタの中には神仏の性（仏性）がそのままに休んでいます。この中に仁義礼智信というような儒教の徳目にあたる本質がすべて潜んでいます。神々から与えられた深い精神の心といっていいものです。

しかしながら、それが人の心（人心）となると、何故に歪みや曇りが生ずるのでしょうか。それは前章に述べました四魂の曇りとミヨの曇りに原因があるのです。

先ほど述べましたように人間は死を迎えるとミヨが外れて、肉体の衣を脱ぎ棄てた一霊四魂は幽界・霊界に帰ることを述べました。一方、人間は現世に生まれて来るときにも、一霊四魂を持った霊体として胎内に宿るものです。胎内の小さな種の中に宿る四魂は、前の生（前世）のことをきれいに忘れ去って、前世の業のみを荷い人間の中に新しい種として宿るのです。

成長するにしたがって、母の胎内にある時すでにミヨを授かります。これはほぼ妊娠三か月を過ぎた頃から始まります。ミヨは順に宿っていきます。一柱のときも、三柱のときもありますが、大体において二柱のミヨが付きます。

母の胎内にある時、また幼少期の子供に対しては、そのミヨはやはり幼子がつくものです。業因縁を果たすために死産であったり、妊娠の何か月かののちに強制的に降ろされたり、幼少の生活しか送れなかった御霊がいます。このミヨの影響を受けながら成長をするといいます。その影響を受け、遺伝的に誘導されていきます。それは細胞の中に入っている一つひとつの遺伝子を対照しながら、本質が移し植えられていくのです。感化を受けても本質は変わらないけれども、同じ嗜好、同じ好みを持つようになります。これが遺伝という大きな影響です。人間は好むと好まざるとにかかわらず、家々の何かの遺伝的なものを手繰り寄せて成長をすることになります。それが一霊四魂に対しての外からの影響です。

このようにして人間は、前生を忘れたままに、業因縁を持ってこの世に生まれてきます。

さらに、現世の生活を送るにしたがってミヨがつきます。またミヨは期間が来れば、次のミヨに交替をします。それらのミヨの導きのままに現世の生活を過ごします。守られつつ、またミヨの欲望を受けて生活をすることになります。

人間は業因縁を持ったままに人生を終えることは許されません。それではこのような四魂に包まれた一霊のフタは如何ようになるでしょうか。

仏性がフタにあたるか、一霊四魂にあたるかはっきりしませんが、『仏性論』ではこれが業に包まれた御霊であり「在纏位《ざいてんい》の法身《ほっしん》」――すべての衆生には仏性がそなわっているが、ただそれが煩悩を纏《まと》っているため，まだ仏性の働きを発揮できない状態にある――といいます。

フタ――永遠なるもの――は業によってガンジガラミになりながら存在します。これがある時、その人の運命の動きによってフッと光る時があります。それらの業を解き放つ時がある。そういう一つの区切りが、例えば七五三などの人生儀礼の時に起きるのです。

この業因縁の解き放される時の話を、『光る国神霊物語』の中に正一位・経津之国志命が「シコ」の話しとして述べております。フタが一瞬にして光る時があります。何故に光るのかというのは、それぞれの人間の中において定まったものがあるようです。一瞬、その業と離れることによって、フタが目覚めます。これが一つ目の道筋です。

二つ目の道筋は、前回に述べました「純粋正統の学問」に引き寄せられ、親しむことです。このことによって少しずつフタに光をいただくことができます。

次に、三つ目として、人間の業を落とすことが瞬間的にあります。神様の目からいえば瞬間ですが、人間にとってはそうではないかもしれません。誕生する時に神様より命ぜられた使命です。いわゆる儒教にいうところの天命です。その天命を果たすために、人間はくさぐさの苦難や苦労に遭います。苦難に遭ってその業を落とし、天命を果たすことができます。

あるいは、みずからの哲学によって、あるいは、先ほどに述べた第一、第二の条件によっておのずとみずからの業を悟り、宗教的な行に入るということもあります。宗教的な行がすべて同じであることではありません。それぞれの宗教によって目指すものが異なるので、落す業も違ってきます。

四つ目として、右に述べた宗教的な行に入ることです。宗教的な行によって、神の光りを一瞬にして光り出すことができます。

それらが人間としての愛の源です。人間は本来においてそういうものを、秘めているというのが、また重要なことです。

五つ目として、生まれつきに具えている仏性が光ることによって、人間に愛というものを醸し出すことができます。これが後半の最大のテーマになりますが、十言神呪の「道の道」のカ字神呪に通ずる問題です。即ち、「最高道徳」を学ぶことによって、人工的に光り出そうというのです。

これらのことに対して、神様から差し遣わされたイツが役割を果たしていることはいうまでもありません。また、それぞれのご先祖の明魂――限りなく神様に近いご先祖――の導きがあります。

さて、このように人間というものは、本来は、心の中に愛というものを醸し出す条件を具えているものです。しかしながらそれを働かせることができず、右に述べたような「在纏位の法身」として曇らされた生活をしているのです。それが人と人との競争になり、争いの元になります。また、相手の業とみずからの業との間において火花を散らして、互いに苦しむことをこの現世で行っているのです。因縁と因縁とが衝突し、それが多くの諍《いさか》いの原因になっているのです。

さらに、人間が現世に生まれ落ちる魂の中に違いがあります。即ち人間がこの現世に誕生して落すべき業因縁の違いがあります。また、敢えて苦労の中に誕生させることもあります。

門田は「人は悪くないが、人と人の間が悪いのだ」といいます。その間に存在するものを荷って人間は生きていかねばならないのです。

元来《がんらい》、人間には先天的《せんてんてき》及び後天的《こうてんてき》に徳《とく》即ちヴァーチューの豊かなるものとヴァーチューの乏しきものとの区別があります。是《こ》れが即ち人間各自《かくじ》に於《お》ける自然の階級《かいきゅう》であるので御座《ござ》ります。……故に人間が此階級を上ります方法は、一言《ひとこと》に申せば人間各自の最高品性を進むる外《ほか》ないのであります。（六一～六二頁）

ここにいう「徳即ちヴァーチュー」というのは業因縁――いい因縁もあれば、悪いものもあります――のことです。また、「階級」とは業因縁を落すために与えられた生活環境です。この業因縁を落していくことが最高品性を進めることになるのです。業因縁の奥の奥にあるのは神仏の光りですが、それがミヨの業因縁によって曇らされて誕生することを述べています。

この裏側に右に述べたカ字神呪、即ち「神の原理」に、人間が本来発現しなければならない慈悲を十ケ条にまとめ具体的に説いてあります。この慈悲は人間のフタに授かっているものです。このフタを輝かすことによって業因縁を自然に落すことができるのです。これが後半の問題です。

このように人間は業を果たすために、神の愛のうちに現世において生活をします。

ところで、ア字神呪「天照らす御親の神の大調和の　生命射照らし宇宙静かなり」の中にある御統麻流、ミスマルというのは一体何でしょう。門田は「霊祭道の三つのものが揃っているのをミスマルという。完全というのがミスマルです」と『法絲帖』に記しています。ミスマルは本来において人間の最深部にあるフタ（直霊）の中に存在するものです。このフタを大神様のミスマルの珠と照らし合わす神様のミスマルの珠によって、生命を射《い》られることによって、人間が解脱の糸口を得るのです。それが右に述べた五つのうちの第一（一つ目）のことです。

このミスマルとミスマルが相照らしあわすことによって、人間は救われ、現世《うつしょ》での行を終えていくものです。人間は本来そのように作られているものです。ですから、大神様のミスマルの光りを賜ることはまことに重要なものです。

ここに重要な問題があります。人間が肉体を変質させ、あるいは霊体が肉体を抜けて神界に入ることがあるのです。これを「ムユ」といいます。人間がムユして神様と相対します。それは人間が死を迎えたのちに肉体を捨てた霊体においても同じです。

門田が肉体を持ったままに神界「ナナヤの宮」に入られたのは特別なことです。神様と相対する時、人間のミスマルの珠と神様のミスマルの珠とが共鳴をします。何等かの意思の交流が行われ、大きな力を授かり、神人一如になります。この「如」は「ごとし」でなく「本質」ということです。これが、人間が解脱をして神々のもとに至らねばならねばならぬ理由です。

かくして人間は、フタの中に隠れておるミスマルの珠を成長させねばなりません。これを成長させない限り、人間としての勤めを果したことにはなりません。フタの中のミスマルの珠を輝かすことによって、人間としての成長があります。即ちここに、信仰というものが偉大な原動力になるのです。信仰というのは、単に身にまとう因縁を消すことばかりでなく、フタの中に隠れているミスマルの珠を輝かし成長させることにあるのです。ここに信仰の真の姿があるのです。これが門田の「霊の道」「祭の道」であり、「道の道」に「道徳の極致は信仰である」といわせるところです。

万物はミスマルの珠を授かっています。人間と同質のものです。ですから、万物や人間とは「四海兄弟」であり、同胞としてすべてが結びつかなければならない。これが愛です。ミスマルとはマスミ（真澄）のことです。

最後に、人間が病気に罹った時には病気を癒さなければならない。その時に今述べたことが役に立ちます。

肉体を持ったまま癒そうとすることは難しい問題です。廣池博士は自我没却神意同化、また、温泉によって心身や病を癒しました。一方、門田は鎮魂、「生長の家」の神想観です。門田は胆石を持っていましたが、痛み出しそうになると――それがわかると言っておりました――鎮魂に入り痛みを忘れるようにしたそうです。この鎮魂は肉体を忘れていくものです。

肉体の病気に対して、ひたすらムユによって神の世界へ近づいていく。神の世界に近づくことによって、フタが輝く。フタが輝くことによって、人間の四魂が癒される。四魂が癒されることによって、その上に被さるところミヨが浄化される。ミヨが浄化されることによって、業因縁を次第に消すことができる。肉体への影響が消え去っていくのです。

ですから、鎮魂に、無我の道を探ろうとするのですが、それは無我の道を探るということではありません。鎮魂は無我を訊ねる道ではなく、肉体を捨て去る行です。身についた癖——これをフリタマといいます——を捨て去る行です。それが鎮魂・坐禅の極意であらねばなりません。道元禅師の遺された膨大な哲学はまさにその世界を説いていると思います。

さらに伝えますと、ミスマルの珠が輝くことによって、フタが輝いてきます。フタの輝きは、一霊四魂に、ミヨに輝きを増すことになります。これは、後半の話しです。

[三] 統字（ス字）神呪

今回は、統字（以下ス字）神呪です。「最高道徳」における「最高品性」です。ス字に対応する原理はありませんが、用語としての最高品性になると思います。主祭神は天之御中主命です。

人間は現世に存在する限りつねに「統《す》」を大事にしなければなりません。この「統」というのは、人間の中心に存在する「統」と、ナナヤの宮を通してさらに上津彼方に存在する「統」——第三の組立てにおける霊祭道の三本の縦の筋が合流する「統」です——と、二つがあります。この二つの「統」が互いに響き合い共鳴する、簡単に言えば、連絡を取り合うことによって人間は正しく存在することができるものです。

この「統」は神々と交流する送受信機のようなものです。神々から発せられた電波は、ナナヤの宮を中継基地として人間の中の「統」に届きます。逆に、人間が神々にまつろうことによって、人間の「統」より電波は神々に発せられます。神々からは詔が届き、人間からは祝詞や心中のものが発信せられます。真澄大神への信仰の一部始終が上津彼方に届き、返信が人間に届きます。こうして人間は神様の御稜威をたまうのです。

この「統」を何故に人間の最高品性として位置づけるのでしょうか。「統」を人間の中において鳴りはためかすことができるのは、右に述べたように、神々と同質であるからです。神々と同質でなければ交信は不可能です。そこには、フタが輝いています。四魂が輝き、業因縁が消去され、ミヨは清浄となっています。

その最高品性はどこの時点において成就をするのでしょうか。それは前回に述べましたミスマルの珠が大きく成長した時点においてです。

最高品性を完成された人間は春の日のごとくに温かく、すべてのものを包みこむ太陽の光であり、しかも決して影を作らない光で満ちみちています。智恵と慈悲・愛にあふれ、まことに柔らかく、まことに清浄な空気にみたされた空間を持ち、空気を醸し出す人間です。

また、最高品性を完成された人間には、本来的において、邪魔をするような禍津霊《まがつひ》は付かないのです。祓をすべきような状態は存在しないのです。「思うことが思うようになる」状態になります。

さらに、そこにはあらゆる人々が集まり、それらの願いを聞きとり、救うことができるのです。

『法華経《ほけきょう》』の序品《ジョホン》の阿羅漢《あらかん》の人格《じんかく》を説《と》いてある中に『諸漏已《しょろうすで》ニ尽キテ、復《ま》タ煩悩《ぼんのう》無ク、己利《コリ》ヲ逮得《たいとく》シテ、諸《モロモロ》ノ有結《うけつ》ヲ尽《つく》シ、心ニ自在《じざい》ヲ得タリ』とあるのです。此阿羅漢と申すは小乗《しょうじょう》の修行《しゅぎょう》にては如来《にょらい》の次に居る所の高徳《こうとく》の人々でありますが、此人々は諸の道徳上の欠点がすべて無くなりまして、『己利』即ち自己の利益に為る事を心得《こころえ》て一切《いっさい》の束縛《そくばく》を解脱《ゲダツ》して居ると申すので御座ります。而《しこう》して『自己の利益』と云ふ事が即ち仏《ほとけ》の最高道徳を体得《たいとく》して其最高品性を完成したと云ふ事であります。一《ひと》たび最高品性が出来まして一切の自由を得ましたならば、其結果たる名誉も利益も心のままに得らるるものでありますから、其品性を己利即ち自己の利益と申したのであります。今日《こんにち》、一般人が人爵を得るのを自分の利益と考へて居るのとは正反対でありましやう。（漢文は読み下し文にした）（一三二～一三三頁）

しかし、最高品性を完成しても、それでも禍津霊が入り込むことがあります。

何故か。人間の上にかぶさるミヨです。最高品性が完成された状態になるとミヨは清々しくなり、肉体もまた清浄となります。しかし、ミヨは度々に交替するのでここに油断が生じます。最高品性を完成したと思うことは危険です。人間は日々に反省しなければならないのです。

そのためにはミ字神呪、即ち「伝統の原理」が重要です。神々を初めて国の、家の、生活の、そして精神の伝統に仕えることにより、内から輝くエネルギーを頂戴することにより、ミヨが浄化されていくからです。人間はこの使命を荷わなければなりません。このようなサイクルを持ちながら、次第に浄化をしていくのが人間の最高品性を完成していく姿でなければならないのです。

現世の生活には「純粋正統の学問」と「伝統の原理」はなくてはならぬものです。人間を神に結びつける綱のようなものです。さもなければ、浮き沈みする流転の人生を送ることになるからです。

清浄となった肉体はまさに白く透き通るような輝きをもってきます。これは人種を問わず、必ずそこに透き通るようなものが存在をするのです。その透き通るものは、凡人にも感ずることのできるものです。それを最高品性を完成された人間が見るならば、一目瞭然にそれを察することができます。

かようにして品性完成の状態というものは、サイクルを繰り返し、次第しだいに完成をし続けるのです。

[四] 動字（ラ字）神呪

動字（以下ラ字）神呪について述べます。この神呪は「最高道徳」の「人間の自己保存の本能の原理」が主ですが、「人間の自然的及び人為的階級の原理」も含まれます。主宰神は大国主命です。

ラ字神呪は人間の肉体――神様がご覧になった人間の実体――について述べます。これを樹木に例えるならば、地面から上に出ているものが人間の肉体にあたり、目に見えぬ地下に隠れているものが肉体の中の霊的な世界です。この両面があります。

樹木は多くの枝葉や根がなければ成長も生存も許されません。樹木の隠れた部分の根から水や栄養のエネルギーを吸収します。これがラ字です。この樹木の上に太陽は光りと熱を降りそそいでいます。これはア字です。さらにその上に目に見えませんが、この天地自然の大地を支え動かしているものが存在します。宇宙の上に浸透し自然の法則のままに宇宙を運びます。これがス字です。このような御心のうちに樹木は育つのです。このマ字、ア字、ス字は前回までの三つの節において述べました。

人間を比喩的に樹木にたとえましたが、このような天地自然の摂理のうちに木々は光りと熱を受け、大地に根を張らし美しい枝を張り香りを発散することができるのです。しかし、人間も同様であるはずですが、なかなかそのことに気がつかないのです。

人間の肉体は、すでに述べましたように肉体の袋のすぐ下にミヨが隠れており、このミヨの心のままに操られます。ミヨからくる五感にとらわれた欲望を持ちます。同時に、肉体は肉体自身を保つための欲望を持っています。

この欲望の支えとなる肉体を持つことが、人間と神々と異なるところです。肉体は人間がこの人間霊界において修行するため与えられたものです。

人間の心は複雑ですが、心の持ち方で行動を変えることができます。一念を発して清々しい精神生活の中に心を置き、五感にとらわれた生活を改めるならば、欲望はしだいに消え去っていくものです。ミヨの成長をうながし、四魂、フタを輝かします。しかし、五感にとらわれて、欲望のとりこの生活を送っていると、雪ダルマのように業因縁が増え続けます。

この肉体は良いことにも悪いことにも使うことができ、諸々の原因になります。

肉体を最終的に安んずるものは神々とのつながりを持つ信仰です。信仰によって人間はミスマルの珠を次第に輝かせることができます。人間は心の持ち方と信仰とによって本当の姿を現してくるものです。この信仰は「伝統の原理」の大本《おおもと》である神々に通ずるものです。単に伝統や恩人の恩に報いたり尊敬するだけでは不十分です。感謝という「祈り」を捧げて神々とつながる時に、ミヨは清々しくなっていきます。

さらには、この肉体を滅却しなければならない問題が再び生じます。即ち、ムユです。この肉体を鎮魂することによって、霊体を次第に透明にして輝かさなければならない時があるものです。この鎮魂こそが肉体を鎮《しず》める最重要なものとなります。単に禊をしたり、水を被ったり、滝に打たれるだけでは、完全な鎮魂には至らないものです。このような修行は人間の欲望を鎮めますが、霊的な変化にまで及ぶものではありません。

鎮魂には階梯があります。さらに神々の御力と導きが存在し、人間の精進に応じて少しずつ導かれて、階梯を登るのです。

されば人間の精神的要求《ようきゅう》は原始時代から絶えず次第《しだい》に向上しつつあるので御座ります。而して其始は単に神とか仏とか聖人《せいじん》とかの人格を尊敬致《いた》しまして之を拝《おが》み之に向って幸福を祈ったのであります。然るに人智《じんち》の進歩と共に、文明人《ぶんめいじん》の間には何時《イツ》の間にか単に自ら神仏若くは聖人を拝みて之に福を求むる事は無効《むこう》でありはせぬかと云ふ事を疑ふものを生じて来たのであります。故に東西共に宗教《しゅうきょう》の権威《けんい》が次第に衰《おとろ》ふるに至ったのであります。而して所謂今日《いわゆるこんにち》の智識《ちしき》階級(Intelligentzia)に在りましては、単に神仏若くは聖人を拝んで福を求むるよりは、其諸《しょ》聖人の示《しめ》されたる所の神仏の道徳を体得して之を実行する事が其幸福享受《きょうじゅ》の方法ならむと考ふるものを生じて来たのであります。乍併《しかしながら》、未《いま》だ其原理《げんり》が明《あきらか》にならなかった為に、之を実行する人が乏しかったので御座ります。今此モラロヂーは人類《じんるい》進歩の要求に応《おう》じて生れ出でたる所の新科学で御座ります。故に右の要求に応じて科学的に人類の安心、平和及び幸福享受の原理を研究し且《か》つ之を開《かい》示《じ》するに至ったのであります。(八三～八四頁)

このように我々人間は地球上に生きていますが、人間が多勢集まった時にどのような問題が生ずるのでしょうか。

人間と人間とが相対する時、そこには必然的に霊的な交流が行われると考えねばなりません。即ち、二人のミヨは互いに惹かれたり反発したりするものです。そこに、互いに相手の影響を受ける相互作用が生まれるのです。悪しきものに遭うことがあれば、良きものに遭うこともあります。人間は、悪しきものに遭うことによって悪しき影響を受け、良きものに出会えば良きものの影響を受けます。それがごく普通にありふれた人間としての生活でしょう。新たな業因縁を作り、また新しい道を切り開きます。

このことは、人間と人間の関係だけでなく、人間と土地（環境）との間においても交渉があるものです。

ところがここに重大な問題が生じます。人間が相手の悪しきものを引き取らねばならないという問題です。相手の業因縁をこちらがどうしても受け取ってやらねばならない。これは前生からの互いのミヨとの関係においてあるものです。しかも、引き受けた業因縁を自分の力において浄化させなければならない。

さらには、その業因縁を落とす方法は何かというと、みずからの肉体の上に病を起こし、あるいは様ざまな人間関係を悪しくし、さらに極端な場合には、死に至るようなことも生じるのです。現世におけるくさぐさの人間の悩みが映し出されます。

業因縁というのは悪いことばかりではありません。ふとしたことから出会い、導かれ、良いご縁をいただくこともあります。それらが絡まって己の人生を編んでいくのです。

そこには、天命、天の命ずる生き方が現れています。必然的に出会わねばならぬ、そういうものをこの天命のうちに持っておるものです。それをこの現世の中において背負うことによってみずからの業因縁を果たしていくことになるのです。

繰り返しますと、人間と人間との関係によって、現世《うつしよ》において果たさねばならぬ業因縁、また神から与えられた天命を尽くさねばなりません。単に業因縁を果たすだけのものではなくして、この現世に生まれて何かをなさねばならぬという御依差《みよさ》しも天命の中にしっかりと刻みこまれているものです。即ち、現世への誕生に際して神々より賜った詔《みことのり》が存在します。そのようなものが複雑にからみあって、この人間生活というものができあがっているものです。


かくして、人と人との間に干渉が生じます。良きも悪しきも人との出会い、配偶者との出会いも、概ねにこのようにして出来上がっています。しかしながら、この新しい家庭を持つための男女の出会いは、それだけではない隠された前生《さきのよ》のことが多くあるようです。これらは門田の記録に遺されております。

この肉体を如何ように扱うか、そのうちに秘められた問題について、おおむねを述べました。しかしながらこの肉体の中から外の世界を正確に眺めることは実に難しいものです。それは『法絲帖』にあるように五感六感というまことに狭い節穴の中から外界を眺めねばならぬからです。それを、肉体を少し滅却し、神々の世界に近づいて眺めるならば、五感六感以上で世界を眺めることができます。ここにくさぐさの結びつきの因縁をおのずと悟ることができるようになるのです。

以上でラ字神呪を終えます。ここに人間を一つの樹木に譬えましたけれども、その樹木がただ成長するだけではなくして、麗しい香りがただようような気品のある樹木でありたいものです。人間の行き着くところは信仰というものに依らなければ真の麗しい香りは出てこないものです。

また、国の伝統、家の伝統、生活の伝統、精神伝統、その他に感謝する時に、人間としての根が張り、富を得《う》ることができるようになってきます。さらに、神々に通じる祈りを捧げるとき、人間としての香りが生まれます。人間の富と、人間の香りとはおのずと違いがあります。

でき得れば、人間としての貴き蘭の香、即ち最高品性と共に、この現世におけるところの最高・最大の富を得たいというのは、人間としての大きい願いでありましょう。けれども如何せん、そのようなことはあり得ないのです。この現世においてすべての人たちが、蘭の香りをただよわせる、あるいは蘭の香でなくともその花々の香りを出すことによって美しい調和と統一のとれた世界が生ずるものです。

故に何人《なんびと》にても自己の現在の精神と行為《こうい》とを反省《はんせい》して後悔《こうかい》せぬやうに致すべきであります。

……、一般社会の状態の善《よ》し悪《あ》しを顧慮《こうりょ》するに及ばず、自己自身《じしん》の最高品性を完成して道徳生活に入る事は自己の安心と幸福とを得る唯一《ゆいいつ》の方法であるのです。……、幸《さいわい》にして最高品性を体得した個人の胸の中にのみ黄金世界《おうごんせかい》が出来て安心と幸福とを得るに至ると云ふ事が科学的に証明《しょうめい》し得られたのであります。（一四九〜一五〇頁）

ところで、この富を得たところの人間的な品性の香りは良くなったでしょうか、悪くなったでしょうか。これはわからぬものです。生まれた時からそのままのこともあれば、さらに悪しき御霊となっていることもあります。簡単にどのようになるのかということは、申し上げることはできません。即ち、それはミヨという前生からの問題があるからです。その前生との関係において、互いに良き関係があれば、蘭の香りとは関係なく、良きものをこの現世において生むことができるのです。このことはおのずから明らかなことでしょう。

［五］用字（テ字）神呪

前半の最後になりました。用字（以下テ字）神呪です。主宰神は少彦名命です。「最高道徳」では「人間社会における生存競争の原理」として、現世の中における人間の生き方を述べています。人間は今をどのように生きているのかを述べ、さらにどのように生きるのが最もよいのかを述べます。

すでに述べましたように少彦名命は大国主命と共に日本の国造りに貢献された神様です。あらゆる歪んだものを正されるというお働きをなされる大神様です。

この大神様が、前半においてどのような働きをなされるかを、具体的に示すことは難しいことです。人間は相手との歪んだ、あるいは正常でない関係において人間関係に苦しみます。眼前に迫った問題に対して、どのような対処をするといいのか、原因をさぐるだけでも荷の重い問題です。その歪みの生じて来た相手を責めるのか、あるいは己の不徳を反省するのか、さまざまな進み方があります。

是《ここ》に於て一般生物の生存競争《せいぞんきょうそう》と文明人の生存競争とは自から其方法が異《こと》なるべく且つ異ならねばならぬのであります。即ち一般の生物は無意識《むいしき》たると有意識《ゆういしき》たるとを論《ろん》ぜず、只《ただ》其自己保存《ほぞん》の本能《ほんのう》を主《しゅ》として生存に努力するのであります。而して遂《つい》に不知不識《しらずしらず》の間に自然の法則に適《かな》へるもののみが生存して其他は亡《ほろ》ぶるのであります。さて、かやうな次第にて人間殊《こと》に文明人に至《いた》っては精密《せいみつ》にして且つ高尚《こうしょう》なる意識を有《ゆう》して居りますから、単に自己保存の本能に訴《うった》へて自分の生存のみを図《はか》ると云ふ事は却《かえっ》て自己の生存を害《がい》するものであると云ふ事がだんだんに右の如《ご》くに科学的に明《あきらか》に為ったので御座ります。（七一～七二頁）

この宇宙は秩序と調和と統一のとれた世界です。宇宙の中に存在する地球もその法則のうちにあるので、地球上のすべてのものは秩序と調和と統一を保たねばなりません。しかし、法則からはずれたさまざまな競争が行われています。宇宙的時間から眺めればほんの僅かな時間ですが、人間の歴史は秩序と調和を乱すことを繰り返しています。

そのような地球の上において、人間が生きるためには相手との関係を回復し、万物《ばんぶつ》と共に秩序と調和と統一のとれた世界を創造していかねばならない。理性を持ち、神を認める人間はどのように生きねばならないのか。霊的存在である人間はどのように生きるべきか。人間はそういう命題を荷って生きているものです。

前章では、人と人との関係において、天命の命という見方から相手より良いことも悪いことも影響を受けて生きていかねばならないことを述べました。そのために、人間はそこに起こったことを現実の問題としてとらえてはならない。現実に対してこだわりを持ってはならない。これがムユの考えにつながるものです。今眼の前に起こっていることは神の計らいであると思うことによって、この現象界を突き破って進み、霊的世界へと心を運んでいきます。そうすることによって、苦しみ、痛みを和らげることができ、そこに真の人間が生まれるのです。

これが、現象が生じた際において人間の執るべき方法です。即ち、水の上に映った月の姿ではなく、己の上に輝いている真の月を見なければならないのです。日毎にそのような生活を送ることで、人間は次第にその霊体を浄めることができます。この観点に立てば、肉体はしだいに消滅せられていきます。

また一方において、人間は社会を生きていく時、よき環境、よき相手と出会うこともあります。その時には、ここによき富が生まれて来ます。その際においても、この富を物質界に留めてはならないのです。

この富を神々のもとに運ばねばなりません。つねに、現象において生まれたものを己のものとして取ってはなりません。よき人間関係によって麗しい富が生まれ、よい結果を得た時には、それを、この人間界・現世を超越して神様の御前《おんまえ》に捧げて「麗しい人間関係によって、このように立派なものを頂戴することができました」と感謝を申し上げるのです。すべてを神々の御前に捧げることにより、よき因縁はさらに良くなり、悪しき因縁は消え去っていくものです。

では、その賜った富はどのように使うべきでしょうか。これはこの現世《うつしよ》において呻吟し、苦しんでおる御方々に対して救いの手として捧げるのです。即ち、この現世に生きて困っている人々に対して、神様から賜った恵みを神様の慈悲としてそっと差し出すのです。

賜った富は悪しき方向に動くのか、良き方向に動くのか、つねにその分岐点に立っています。しかし、神様に捧げることによって、己のものではない、現世のものではない、神々のものであると思って万物のために使用する時、それは良き因縁として働きます。それを己のものとして執着をする時、悪しき働きとはいえないまでもその場限りとなります。このように富は人間を分岐点に置く重要なものです。富を神様に捧げることは、大神様の手助けをすることになります。後半の問題へ続きます。

生存競争を為《な》す方法に三つの区別があります。第一は飛《と》び上《あが》る方法……。第二は、押し上る方法……、今日《こんにち》一般人の取り行うて居る方法であります。私の如きも若き時より此方法にて進んで参《まい》りましたので、大いに心身《しんしん》を過労《かろう》して遂に大正元年《がんねん》の大病《たいびょう》と為ったので御座ります。そこで私は第三の方法を取りまして斯《か》くの如く今日あるを致して居るので御座ります。即ち私は最初には自分の力を憑《タノ》みに致しまして学問の研究を励《はげ》み之が為に病《やまい》を得たのでありますが、今回は第三の方法によりまして一方《いっぽう》には病を治《なお》し、一方には研究を進め両方に成功致しましたので御座ります。そこで第三の方法とは此社会を俯向《ウツム》いてだんだんに這《は》ひ上《あが》って進むので御座ります。即ち是れが諸聖人の開示されました所の生存競争の方法であります。……。而して其功績《こうせき》は之を他人に譲《ゆず》って名誉、利益の獲得は只之を自然に任せて置くのであります。然る時には我が精神常《つね》に安らかにして、健康、長命《ちょうめい》且つ到る処に人望《じんぼう》を得ますから、遂に自然に大《だい》なる名誉と利益とが集って来るので御座ります。モラロヂーに於ける生存競争の方法は斯くの如く一見迂遠《いっけんうえん》の如くなれど、真《しん》に確実にして且つ完全であります。（七三～七四頁）

ここに別の問題があります。前のラ字においても述べましたが、人間と人間の交渉です。一人の人間、あるいは団体に対して富を捧げることは交渉が生じます。一人と一人の交渉も、一人と団体との交渉も同じですが、そこには己と相手との間に霊的な交流が生じます。

目の前で苦しみ、悩んでいる御方に相対することもあります。この御方を救ってあげたいと思います。そのような時に一体どのようにすればよろしいのでしょうか。賜った富の使い方を右に述べましたが、同じことです。

いま自分の手許にあるささやかな富を神様に捧げます。それを神様の御依差しとして苦しんでいる御方に差し出すのです。相手に神様のものとしてお使いをいただきます。するとすべてが解きほどけるのです。何がほどけるのかといいますと、己の持っている業因縁がほどけるのです。誠心《まごころ》が業因縁をほどくのです。

また、人間関係をよくするために積極的にこちらが相手のために富を捧げることもありましょう。あるいは、間接的になすこともありましょう。それらはすべて同じです。わずかであっても富を包み、神様に捧げ良き方向に使っていただくのです。例えば、赤十字のような団体に対して、一旦神様に捧げてさまざまな救援金として使っていただくのです。

このように自分の持つ富を犠牲的に使うとき、必然的にくさぐさのことが成就し、自身の品性を向上させます。この「生存競争の原理」は、秩序と調和と統一のとれた世界を導き、自分の霊性を向上させるものとして重要であるのです。

神様から賜った富とは何でしょうか。お金や品物でしょうか。健康でしょうか。地位でしょうか。富とは金品だけでなく、今自分の身につけているすべてです。

ここで重要な心得を述べます。神様に捧げたのですから、その使途については思いを残さないことです。何々に寄付をしたなどという思いを持ってはなりません。そういう心を脳内からすべて捨てます。それが鎮魂になるのです。

最後に、このテ字神呪によって、対人関係によらずに自分の品性を向上させていくには如何ようにするとよいのでしょうか。この場合には、その相手が人ではなくして神様になるのです。我々は万物《よろずのもの》に相対する時、眼前にある富を神々捧げて奉仕に勤めます。ここに極まるところ自分自身を神様に捧げます。そして、己れの解脱を図らねばなりません。これが人間としての最終の課題となります。それは後半の問題になりますが、その本質を伝えるならば、神々と己とが一体にならねばならないのです。

我々人間は、万物に対すると同時に、神々をそこに生きるがごとくに信仰し、尊崇し、同体とならねばならないのです。ここに肉体の融けるが如くに己自身の業因縁が融けていくのです。その究極の行は鎮魂であるのです。

その際に、尊敬、崇敬するところの神様は真澄大神です。真澄大神の天照大御神、また大国主命を尊崇することが重要です。さらに、少彦名の大神様と住江の大神様への信仰は己の因縁の解脱を進める上において重要です。また、この信仰によって真の生存競争に勝ち抜いていくことができるのです。

然るに聖人の教《おしえ》に本《もと》づく所の最高道徳の実行にて得たる所の勝利は自然の法則から出た所のものでありますから、第一に永久性《えいきゅうせい》があります。即ち畏《おそ》れ多けれど日本皇室の万世一系《ばんせいいっけい》を始め天祖《てんそ》の御聖徳《ごせいとく》を学びたる古代《こだい》の神々《かみがみ》の御子孫《ごしそん》や支那の孔夫子其他準《じゅん》聖人の御子孫の万世不朽《ふきゅう》に今日まで其血統《ちすじ》や家格《かかく》の続いてあらせらるる如くに、我々の如きものにても最高道徳を実行致しますれば、我が一代《いちだい》は勿論《もちろん》、子孫に至るまで永久性があるので御座ります。次に最高道徳にて得たる生存者は社会階級を上《のぼ》って漸次《ぜんじ》に発展《はってん》し且つ其階級を上る方法が美しく其結果は極《きわ》めて確実であるので御座ります。是に至って我々はモラロヂーにより人間社会に於ける生存競争の原理に就《つ》きて徹底的《てっていてき》に体得さしていただく事が出来たのであります。而して此競争の原理はあらゆる既成的《きせいてき》精神科学及びあらゆる社会組織の根本《こんぽん》原理と為って之を改善《かいぜん》さする力を有するもので御座ります。

（七六頁）

十言神呪「道の道」、即ち、「最高道徳」を第四の組立てにしたがって。人間を霊的存在としてとらえ説明しました。即ち、新たなる道徳哲学は、人間を現世から神々の世界に至る導線上のいろいろな位置に置いて考えねばならないことをご理解ください。

前半を終るにあたって、人間の構造を示す『礼拝儀解』を示しておきます。人間の内に秘めるヒト・フタ・ミヨ・イツについての働きを解いています。

「ヒト・フタ・ミヨ・イツ、これだけを総称してハルミ」と『光る国神霊物語』にあります。また、「ムユ」は、生きた人間が肉体を持ったまま霊界に移行する法則です。門田はこれを実際に行い記録として残してあります。『ナナヤの宮参宮記』として上梓してありますのでご参照ください。

礼《らい》拝《はい》儀《ぎ》解《げ》

ヒト　我《われ》ならず
フタ　我ならず
ミヨ　イツ　共《とも》に我ならず
ヒト　フタ　ミヨ　イツ　皆《みな》我ならず
天《あめ》の比礼《ひれ》　ムユして　イツより来《きた》る
イツミヨに　ミヨフタに　フタヒトに伝《つた》う
ヒト　フタ　ミヨ　イツすべて「統《す》」となりぬ
今《いま》　我《あ》がヒト　ムユして　神《かみ》のみ影《かげ》

我《あ》がフタ　ムユして　神のみ光《ひかり》
我《あ》がミヨ　ムユして　神のみ業《わざ》
我《あ》がイツ　ムユして　神のみ道《ことば》
ヒト　フタ　ミヨ　イツ　ムユして　神や立《た》つ
今「統《す》」我《われ》　神前《こうさき》に額《ぬかづ》くに
神や我《あ》が中《うち》　我《われ》や神が中《うち》
生《い》きとし生《い》けるもの　万《よろづ》もの皆神が中
生きとし生けるもの　万もの皆我《あ》が中なる見《み》ゆ
あな尊《とほ》と
あな清《さや》け
あな聖《きよ》し
あな楽《たの》し
あな嬉《うれ》し

〔六〕休字（ミィ字）神呪

これから後半に入ります。

十言神呪の休字（以下ミィ字）神呪、主宰神は天之御中主命です。「道の道」の「最高道徳」では「自我没却の原理」にあたります。

ミィ字神呪は最も重要な神呪です。この神呪は、人間の中のフタが宇宙に照り輝きわたっている様を述べています。もはや肉体の中から五感六感を通して外を眺めるのでなく、そこに肉体は存在せず、フタそのものから眺めているのです。

このミィ字は「最高道徳」の「自我没却の原理」にあたり、その核心として自我没却神意同化、自我没却絶対服従と教えています。これより他に言葉のない程にその核心をついている言葉であると思います。すべての自我の源《もと》である肉体を捨て去って、神様の肉体とし、フタの中には神様の心を入れます。これが最高品性への最も重要な道であるのです。

自我《じが》（Egoism）とは人間の自己保存の本能《ほんのう》の事であります。此本能が人間の精神の中に存在して居《お》って、それが利己的《りこてき》に働いて居っては最高道徳が其人の精神に入りこむ事が出来ぬのでありま す。そこで此本能を取り去る事が最高道徳を実行する基礎に為るのであります……。

そこで聖人の教に於ける自我没却《ぼつきやく》の教説《きようせつ》を開示致しましやう。先づ『論語《ろんご》』の子罕篇《しかんへん》に孔夫子の人格を挙げて『意《い》ナク必《ひつ》ナク固《こ》ナク我《が》ナシ』と申してあります。是れは孔夫子に於かせられましては私慾《しよく》、高慢《こうまん》、我慢《がまん》、剛情《ごうじょう》、負《ま》け惜《おし》み、頑固《がんこ》は勿論、自分の意見も主義も主張もなく、専《もっぱ》ら宇宙自然の法則に服従《ふくじゅう》して行動するのみであると云ふので御座ります……。されば聖人の教に在りては、自分の学力や智力を以て聖人の教の短《たん》を棄《す》て、長《ちょう》を採《と》ると云ふやうな事はないのであります。すべて尋常《じんじょう》の人が自分の学力や智力にて聖人の教を取捨《しゅしゃ》する場合には、自分の利己的本能に合するものを長として之を採るのでありますから、何の利益《リヤク》をも受くる事は出来ぬのであります。一切自我を没却し、聖人の教えの全部に順応同化《じゅんのうどうか》して絶対《ぜったい》服従を為すので始めて我々はコンヴァーション(Conversion)即ち心の立てかへが出来て最高品性が完成さるるのであります。かやうに宇宙自然の法則に服従するのが進化《しんか》の法則に適応《てきおう》する事に為るのでありますから、我々は始めて安心と幸福とが出来るのであります。(一六三〜一六五頁)

自我没却を、肉体がになう自我意識、理性の滅却と考えると非常に抵抗を感じましょう。たびたび述べましたように、肉体を限りなく透明にして神々の世界に至るまで滅却していくのです。肉体を透明にしていけば、自我意識はおのずと消えていきます。そこに入るには理性が必要であり、また向上しようという欲求がなければなりません。そこに残るものは人間の品性しかありません。この品性を神様に近づけ、どっぷりと神様の御稜威に浸らし、日々これを続けていきます。それ故に、この自我没却神意同化、自我没却絶対服従は極めて重要な原理であるのです。その滅却を現世の肉体意識に限定して考えると間違いが生じます。

これが先に述べました「ムユ」ということです。この考え方一つでもって、世界は限りなく広く、大きくなり、あらゆるものに対して解釈、応用が効くのです。人間が最高品性に至るためには自我没却しかありません。肉体という殻を破らなければ、その奥にあるものは育たないのです。

その上に「伝統の原理」、即ち、ミ字神呪を実行することによって神様と通じることができるのです。人間と神々とをつなぐ線路、縦の筋ができあがり、人間の一番深いところにあるフタに神様の御稜威が流れ込んでくるようになります。誠が芽吹くのです。次の節で説明をしますが、この「自我没却の原理」と「伝統の原理」の極致は信仰です。この信仰により真澄大神の世界に届くのです。

さらに、この信仰によってフタを育て、ミスマルの珠を輝かせることができます。これが人間の真の姿でなければなりません。この極致を我々人間がどのようにして体得していくのかが、後半における課題でもあります。即ち、行論としていささか以下に述べてみたいと思うものです。


ここに多くの人々に支持されない自我没却の問題があります。

例えば、会社から法に反するような無理難題を言われた場合です。「伝統の原理」に照らしてこれを聞き入れなければならないかという問題です。この時に、たとえ会社の言うことであっても、法に反し間違っていると思われることは決してなしてはなりません。会社に対し真心をもって低頭し、その不可能なことをお詫びします。この際に会社から如何なる指示があっても、それはみずから受け取り、その痛みをじっと味わうのです。

しかし、この痛みを決して肉体の次元において解釈してはなりません。肉体を没却した姿においてこれをとらえるのです。そのことによって、因縁が一つ消え、魂の霊的な向上を果たすことになるのです。これはすでに述べましたようにミヨの交流であるのです。


最高道徳にてはすべての人々に自我を没却させて其空虚《くうきょ》な精神の中に自然の法則即ち宗教的に云へば神の慈悲心《じひしん》を植《う》えつくるのであります。換言《かんげん》すれば神の慈悲心に本《もと》づく所の国家若くは人類と云ふ如き、最大団体の全部を建設する精神を植えつくるのであります。……。

そこで其開発《かいはつ》された人は右の国家とか人類社会とかに対して全部建設の精神から其事業を愛する心に為りまして其仕事に専《もっぱ》らに為るに至るのであります。それ故に怪我《ケガ》も無く為り失敗もせぬやうに為るのであります。是れが最高品性完成の緒《イトグチ》であるので御座ります。さうして自分の至誠《しせい》努力の結果は自己の現在の境遇の如何《いかん》によらす。兎《と》に角《かく》、生存の恩《おん》を神、君主、聖人、父母、先輩《せんぱい》等に感謝して、其報恩《ほうおん》の為《ため》に之を国家とか人類社会とかの建設の御用《ごよう》の一部分《いちぶぶん》に御供《おそな》へすると云ふ心に為るのであります。之を宗教的に云へば神に御供へするのであります。（一七一～一七二頁）

かように生活を続けるならば、必ずそこに「徳、隣あり」ということで、誰かの助けが来るものです。これが人生の不思議なところでありましょう。その助けに対しては神様の導きを感謝します。その助けの来ないところにはひたすらに神様の御前にその反省をいたします。その時に周囲から、会社や家族から、さまざまな悪しき言葉を受けるかもしれません。それらのすべてを己の痛みとして甘んじて受けます。その中に肉体を没却するのです。そのようにしてこそ、真の人間、真の最高品性へと向かっていくのです。肉体人間は、霊的なものを内に隠しつつ現世の生活を送らねばならないのです。

ミィ字神呪は「見はるかす朝日あまねき碧御空　星影のはや見えずなりけり」です。星影には、肉体の暗やみの中から外の世界を眺める人間の姿があります。それが、考え方を変える――自我没却する――ことにより、肉体を脱ぎ捨てると、太陽の輝く明るい世界が人間の心の中に成就するのです。「神、ここに生き給うなり。神、ここに為し給うなり」と喜びを繰り返します。ミィ字観法の極致であります。

そのように、このミィ字神呪、「自我没却の原理」は後半のすべての原理の基礎となる最重要なものです。

最後に、廣池博士と同様に門田もコンバーションについて述べています。少し長いですが『法絲帖』(下)から門田の記述を引用します。

凡夫なんですがね、『法絲帖』（上）（十七頁）にそのことが書いてあるんです。

汝《なんじ》の心はじめて　神をおろがむなり
汝の心　無色身を伴ないて　み空に舞い
天《あま》の浮橋に立たば　御親神《みおや》の御光《みひかり》　汝《な》が心に照り
森羅万象 悉《ことごと》く　その相《すがた》を変《か》うるなり
生きとし生けるもの悉く　あたかも汝が色身《しきしん》の細胞の如く
汝がうちにありて　汝がいのちを生くるを見るべし
汝が心は澄みて　欲望は尽《つ》き　愛のひらめきのみ輝くなり
ああ　汝の相《すがた》の美しさよ　汝の心の安けさよ
汝故郷《ふるさと》に帰りたるなれば　本然《ほんねん》の姿《すがた》とまみゆるなり
かの時　初めて汝は叫ぶべし
「自由を得たり　幸《さち》を知りたり」と

意味はですねえ、この我われが、このすべての自分の持っておる色身につながるものをですね、解きほどいてしまった時に、即ちその時には、我われは自分自身が空であるということがわかって、そうしてもう一度自分に戻った時にはですねえ、すべての欲望のきずながついえて、もう別れておる時ですが、その時には、そのまま、仏の力、神の力が自分に宿って、仏がそこに出ておるんだ、ということがここに書いてあるんですね。これがその空即是色花盛りなんです。

それをキリスト教では、コンバーション（conversion）といっているんです。悔い改める、悔い改める、天国（heaven）は近い、近くにあり。悔い改めよ、天国は近い。悔い改めとはコンバーションです。コンバーションとは、くるっとこう回れ右することなんです。本当のコンバーションとはくるっと一回り、回れ右を二回やることがコンバーションです。あの聖書の日本の翻訳は、「悔い改めよ、天国は近くにあり」と書いてあるんですがねえ。あれ英語では、ヘビン・イズ・アッ・ハンド（Heaven is at hand）となっているんですが、アッ・ハンドというのは、近くにありというのはちょっと意味が違いますね。天国はもうお前のものである。天国はアッ・ハンド、手の届くところに来ているんだと。それを〝近くにあり〟と翻訳してあるんです。しかも、コンバーション、悔い改めよとこうなっているのは、これはちょっとねえ。懺悔《ざんげ》という意味と違いましてね、コンバーションは〝悔い改めよ〟なんです。だからこれは「自分のものである、今生きているのは自分の力で生きているということを、そっくり捨ててしまって、すべてを神に服して、そこからもう一度振り返ってみなさい。そこが天国なんだ」とこう言っている。くるっと回って、三百六十度の転向をしなさいということなんです。これはねえ、我われ神様をお祭りするという、祭りの作法の中にねえ、そういうものを体得してゆく上に使わないといけないと思うんです。昨日私ねえ、土地の神様をお祭りしながら、もう痛切にそれを感じました。ま、それだけを申し上げておきます。

［七］幽字（カ字）神呪

幽字（以下カ字）神呪、主宰神は天照大御神です。「最高道徳」の「神の原理」です。カ字神呪を述べるにあたって最も重要なことは、この現世の世界の中において神様の存在を抜くことはできないということです。神様の存在は絶対的なものです。

神様の存在しない道徳は平板となります。肉体と肉体との交渉術になり、せいぜいが人格と人格の関係にとどまります。この現世でだけの円満な生き方になります。これでは人間がこの現世に誕生した意味が失われてしまいます。

人間の外に神様が存在し、その神様と共鳴するところのものを我々人間一人ひとりは賜っています。それをはっきりと感得することはできませんけれども、一霊四魂を持ち、その一霊、即ちフタの中の「統《す》」に神の御稜威がどんどんと入ってくるのです。ここに信仰の意味があります。

日本の古典によりますれば、日本皇室の御祖先天照大神様が御父祖《ごそふ》の神々様の御徳《おんとく》を継《ツ》がせ給《たま》ひ、慈悲寛大《かんだい》、自己反省の御聖徳《せいとく》を御実現の結果、すべて其当時《とうじ》の神々様が、其御聖徳を体得されまして、何《いづ》れも人類幸福実現の為に犠牲《ぎせい》的に御努力なされました結果、此日本帝国《ていこく》が完成せられ、天祖《てんそ》の御聖徳は遂に万世一系の皇室を御生《オンウ》み出《いだ》させ給ひ他の神々の御子孫も皆多く皇室を中心として万世不朽の貴族《きぞく》と為られましたので御座ります。されば我々日本民族の祖先の信仰されて居りましたところの宇宙開闢《かいびゃく》の神たる造化《ぞうか》の三神《さんじん》の如き神様が此天地《てんち》の間《かん》に存在するかせぬかは科学的に之を証明することは出来ませぬが、此偉大《いだい》なる天祖の御聖徳は動かすべからざる歴史の資料によって之を証明する事が出来ます。而して其宇宙根本の神霊《しんれい》は天祖の御信仰あらせられました所でありとすれば、其根本神霊の有無は姑《しばら》く措《お》くとするも、我々は天祖の御聖徳を尊崇《そんすう》する上から、其御聖徳の実質たる根本神の存在を否認《ひにん》する事は我々の精神の中に事実上出来ぬ事であります。（一八〇～一八一頁）

神様の性質である一霊（フタ）の中には、先にも述べましたような仁義礼智信というようなまことに重要な人間の心そのものが入っているのです。即ち、神様の姿が入っているのです。その現れが人間の慈悲であり、愛であります。廣池博士は「慈悲の十カ条」として具体的に述べておられます。天照大御神の言霊の数と同じ十個の十カ条として記しています。次にそれを短く引用します。

第一に、すべて人間を愛する事を目的と致しまして、金銭、物品若くは事業を次と致します心であります……。第二に、慈悲は必ず公平に且つ普遍的《ふへんてき》に人間を愛する事であります……。第三に、慈悲は有終《ゆうしゅう》の美《び》を尊《とうと》ぶのであります。すべて途中《とちゅう》には叱《しか》る事もあり、罰《ばつ》する事もありましやうが、結局之を育て上ぐるのであります……。第四に、前の自我没却の条《じょう》に述《の》べて置きました如くに、自分の苦労の結果を他人に分《わか》ち与《あた》ふる心が神の慈悲心に適ふ心使《こころづか》ひであります……。第五に、右と同一《どういつ》の原理にてすべて共同的作業の際《さい》に於ても最高道徳の人心救済《じんしんきゅうさい》の精神に本づかずに妄《みだ》りに自ら進んで其局《きょく》に当《あた》って世話をする如き事があったならば、他人より独占的《どくせんてき》と見られて其仲間の感情を害し、たとひ如何《いか》に其事に苦労するも何人《なんびと》も之を感謝するものはないので、其人一代《いちだい》の苦労は徒労《とろう》と為るのであります……。第六に慈悲は必ず建設的《けんせつてき》でなければなりませぬ……。第七に、如何なる場合でも如何なる形式でも人間の理性と感情との調和から来た所の深い忠《ちゅう》恕《じょ》即ち上の人や一般人に対する思ひやりの心と惻隠《そくいん》即ち貧しき人、病める人、老いたる人に対する思ひやりの心とを以て粘著的《ねんちゃくてき》に他人に対して親切であり且つ寛大であり以て如何なる人をも真《しん》に開発し真に救済しようとする至誠心がなければ、真の慈悲とは申されぬのであります……。第八に、慈悲とは先づ自己の発生《はっせい》、発達及び生活の根本を造り与へられたる大恩《たいおん》ある階級即ち神を始め君主、聖人、父母、祖先等の如き、我々を生み出し且つ最高道徳を以て我々を開発して下さった所の階級に在る人々を敬愛《けいあい》する事、次に自己の現在の物質的生活上及び自分の上に居って自分を支配して下さる人をも敬愛する事、次に家族を始め一般使用人殊に其中の功労者《こうろうしゃ》を寵愛《ちょうあい》する事であります……。第九に、慈悲の発現《はつげん》は如何なる場合、如何なる人に対しても同一でなければならぬ事は前にも申せし如くであります……。第十に、自分に如何なる困難《こんなん》あるも、不幸ある

　も、苦悶《くもん》ある場合にも、他人に対して真に快感、満足及び安心を与へ、殊に伝統《でんとう》に対して十分の安心を与ふるのが慈悲で御座ります。（一八七～一九六頁）

神々の仁義礼智信に基づいた慈悲が、残念ながら人間の持つ業因縁によって遮られているのです。その業因縁は四魂の中に業として入っており、同時にミヨが荷うものです。このミヨが数々の業因縁のままに動かされ、俗っぽい言い方をいたしますと、業因縁によってその慈悲、愛の輝きが失せているのです。

そこで、人間の内にあるこの神様の輝きをどのようにすれば導き出すことができるのか。これがこれから重要になります。

前節において、肉体を自我没却により捨て去らねばならないことを述べました。逆に、この肉体を神々の世界——宇宙——にまで押し拡げる、拡張させることによっても肉体を滅却することができるのです。宇宙を自分の肉体と観ることは効果的な方法です。

ここにおいても尚、存在し妨害するものがあります。即ち、それはミヨの存在です。このミヨの存在を少しでも軽くするならば、人間としての慈悲の輝き、愛の輝きが生まれやすくなるのです。ミヨの浄化の方法を考えます。

先に、「シコ」ということを伝えしました。一瞬に慈悲の、愛のほとばしり出る瞬間があるということです。また、「タマヒラキ」も伝えました。この慈悲の働きを人工的に出そうとするものです。人工的に開くことによって、フタ即ち一霊の輝きを一瞬に導き出そうというものです。また、タマヒラキを人工的でなく、人生の中において実際に行わせることがあります。神様はさまざまな苦労を、九死に一生を得るような形で与えて開かせるのです。宗教的な行の中においても行われることがあります。

今一つ大事なことがあります。人生は宿命でも、偶然でもありません。現世は人間霊界といわれますが、肉体を持つ人間には人生を楽しむことが許されています。そういう自由が人間には与えられています。しかし、日々の実りを得た時、人生の節目ふしめの時、あるいは困難にあった時、人生を自覚させられるように導かれるものです。

さらに、ミヨをどのようにして浄化するのか。どのようにして神の心を通わすことができるのか。それは肉体の扉を開くことです。廣池博士は右に引用しましたように「慈悲の十ヶ条」として、人間が人工的に慈悲を作り出す方法を述べておられます。これは肉体を宇宙に拡大、開放し、フタを輝かす方法です。

人間の世界としての荒行ですけれども、滝にかかり、水をかぶり、あるいは断食をすることによって、ミヨの影響、業因縁を少しずつ落とすことができます。このような荒行によって業因縁を落そうとすると、ミヨが固定的になり、ミヨで囲まれたフタを却って開くことができなくなります。心を固くし、頑固な人間にするわけです。これが荒行による大きい欠点です。

何故かといいますと、真澄神に導かれざる荒行であるからです。真澄神に導かれた荒行は、決して人間の心を固くすることはありません。必ずその心を柔らかくし春の日のごとくに導くものです。人間には縁りのある神様がおいでるものです。それでも、立派な信仰を持ちながらも、真の霊的向上に至っていないことは残念なことです。

真澄神ならざる神々をどのように浄化していくか、真澄神の教えをどのように伝えていくかということが、この二十一世紀における実に重要な課題となっています。神々の世界は人間世界と似ているのです。

肉体を鎮めることを重ねることによって、慈悲の心を発露させることができることを述べました。今一つの方法は、次のミ字神呪の「伝統の原理」を通して真澄神を信仰することです。この信仰が、真澄神からの純粋正統の学問への導き（因縁づけ）ができるようになるのです。これが真の信仰になります。このように「伝統の原理」はまことに重要な働きをします。

信仰を伝えましたが、その「信」は己のフタの中にある仁義礼智信の信です。この信はフタの中にある信仰の種です。これが表に、あるいは裏に現れて神々との接触を求めているのです。

聖人の事蹟《じせき》は其慈悲心の発現の結果でありまして、学問的に見れば是れが即ち神の心であり、自

然の法則であり、人間進化の原理であるので御座ります。さすれば我々が只《ただ》形式的に神を拝んで之に福を求むると云ふ如き事は人間の利己的本能の発現に過ぎぬものでありまして、自己の幸福実現上、実に無意義《むいぎ》な事であるので御座ります。そこで我々の安心、平和及び幸福は神の御心《みこころ》と聖人の事蹟とに合する所の慈悲心を以て最高道徳を実行するに在る事が明《あきらか》に為ったのであります。そこで神の信仰は宗教の専有《せんゆう》でなくして人類一般の共有的行為《きょうゆうてきこうい》であるべき事も明に為つたので御座ります。（一九六～一九七頁）

さて、概ねにカ字神呪を伝えました。

信仰の極意を伝えます。「神が神を神してる」です。我々自身がどっぷりと天照大御神の御愛にたっぷりと浸ること、即ちそれは肉体を忘れ、ミヨを忘れるもとなのです。己の中の神が、外なる神を祈る、その信仰の姿が神をしていることです。

こうして我々人間は、神の御愛の中にたっぷりと浸ることができる。これによっても、ミヨの壁を破ることができるのです。即ちそれは、その肉体を限りなくその神々世界へと結びつけ、そして肉体を没却したあとに、この天照大御神の御愛を賜るのです。そうすることによって、外からミヨを浄化することができるのです。そのような行もあるのです。これは一つの鎮魂です。

ですから、カ字神呪によって太陽を飲み込むという行によって、神の愛というものを心の中に取り入れるのです。それが慈悲の心を起こさせる基になります。この神こそは天照大御神であり、天照大御神のお働きの姿であり、真澄神であることに間違いないのです。多くの日本の祖師たちはかようにして御霊を開いていったことは、『黒住教』を拓かれた黒住宗忠の大人をはじめとして、多くの御方々がおいでになられます。それらを学びつつ、このような鎮魂もあることを是非知っていただきたいと思います。即ち、カ字観法です。

〔八〕三字（ミ字）神呪

十言神呪の三字（以下ミ字）神呪、即ち、「最高道徳」の「伝統の原理」にあたります。これまでに度々に述べましたようにマ字神呪、即ち「純粋正統の学問の原理」の裏の神呪です。ミ字神呪は、神様と結びつく上においてまことに重要です。

このミ字神呪の主宰神は住江大神です。この大神様は普通には海洋安全のご守護と申しておりますが、それればかりではありません。この現世のみならず、地球全体、宇宙にまで、真理を伝達される仕事を司っておられます。即ち、真理伝達の大神様です。

これに対して少彦名の大神様は、上津彼方より詔の伝達をされます。また、それが歪んで届くことがあるので、歪んで届いた詔を矯正される、あるいは修正される大神様です。

したがって、住江の大神様は人間に真理の伝達を行うのですが、人間の持つ業因縁の妨げによって単純に伝えることができないことがあります。そこで大神様は、この人間に対して真理が正しくまっすぐに伝わるようにその取り計らいもなされるのです。即ちそれが、禊や鎮魂帰神です。このように住江大神は禊、鎮魂を司られる神様でもあります。人間世界に真理伝達のみならず、その方法までも伝え、大変重要なお役目を荷われておられます。

住江の大神様のお働きにおいて、ミ字神呪による禊の観法を行います。業因縁を浄化するために、この肉体を削って、削って、削り切り、限りなく神に近づくとき、霊的に浄化されます。そこに、本当の神様が眼前に現れるというのです。人間の本質が現れます。これがミ字観法の極意です。己の身を削ってというのは肉体の滅却する姿であり、その究極としてムユがあります。

少し横道に入りますが記しておきます。主宰神は住江大神と申しました。住吉大社には住吉三神と媛神様がお鎮まりになっておられます。住江、スミノエと申しますのは、スミノ兄(え)のことで、住吉三兄弟の神様の一番上の神様のことです。住吉大社の第一殿にお鎮まりの神様です。

人類を導かれた四人の聖人に対して、住江の大神様の大御稜威をかかわっておられない聖人はいないと思います。住吉大社にお鎮まりの三柱の大神様のどなたかによって導かれていることを知っておかなければなりません。

少し前置きが長くなりましたが、住江の大神様が真理の伝達をなさることはマ字神呪において述べました。では、禊が何故に「伝統の原理」となるのでしょうか。

人間は国の伝統、家の伝統、生活の伝統、さらには精神伝統を通さずに直接に真澄大神を信仰することができます。しかし、この信仰だけでは十分でないのです。その理由は、人間はこの人間霊界において修行をさせていただいておりますが、この現世という人間霊界においてご苦労されて築き、築いてこられた方々を無視することはできません。これらの方々は大国主命の詔にしたがってその使命を果されてこられた方々であるからです。これらの方々に感謝することが大国主命にまつろい、信仰することになるのです。さらに、大国主命は、天照大御神の詔にしたがっていろいろな事を運ばれておられるのですから、この大国主命への感謝が天照大御神にも通じるのです。

住江大神は、「伝統の原理」として、人間の正しい生き方、正しい在り方を示されているのです。この行為の行われないところに地球霊界を生きるための正しい真理の伝達はありえないのです。住江大神は、この伝統を通して真澄大神を信仰することを教えておられます。

そのことを悟らし、行わせるための禊や鎮魂です。同時にこのことによって、マ字神呪「純粋正統の学問の原理」において正しい真理を賜る準備ができるのです。真理に対して〝正しい〟真理とすることは可笑しいことですが、真理に不純なものがまざることはよくあることです。――前篇のミ字神呪の解説も併せてご参照ください。

まことに悲しいことですが、国を守る仕事において、思わざる事故に巻き込まれてその命を失われた方々も沢山おいでになられます。しかし、それらの御方々は国のために殉じられたことによって、その修業を一歩進められ「ナナヤの宮」において大きく登用されると思われます。即ち、真澄神に吸い寄せられ、いずれかの伝統に入るのです。

このようなことにつきましては、門田の遺された霊示の中の合戦の記録に残っております。門田の守護神はそのような龍神の一柱です。また、門田の友人でありました馬杉一雄中尉は、先の大戦において戦犯として捕らえられてチャンギー刑務所において銃殺をされました。しかし、門田の友人として真の信仰を体得されておられたので、間もなく正一位の明神となられ、この十言神呪の開示に霊界から尽力をされたのです。

生活の伝統と申されます御方々は、神々の命を受け現世に文化文明を伝え、その使命を果たされた方々です。現世に幸いをもたらさんとして辛酸をなめられご苦労をなされた方々です。

家の伝統はみずからのご祖先です。ご先祖の御魂は多くの神々の御分霊として、現世に人間として生まれ、その使命を果たされて帰られたものです。ご修行のあったご祖先は、明魂《あかるみたま》やさらに向上された明神となられます。ですから、血筋にあたる者の祈りは祖先を通して明魂に届き、さらに神々にまで至るのです。

ここでの神々は必ずしも真澄神ではありません。これが真澄神と一致する神々においては格別の光りを発します。その伝統につながる方々は、この現世において大いなる活躍をなされる方々です。真澄神はそれだけ大きい働きをなされるものです。真澄神でない神々とは何かと申しますと、これは真澄神の御子たちでありますが、まだその御霊を完全に浄化のできていない神々です。ここに重要なことは、大国主命、天照大御神の真澄神のもとにつながらねばならぬことです。

精神伝統は、真澄神より遣わされものとして、真澄神に直結をしていることは当然です。

モラロヂーに於きましては伝統の原理を発見致しまして人間をして真《しん》に独立、自由の人格を完成せしむる方法を確定する事が出来ました。……。

此［伝統］オーソリノン（Ortholinon）と申すは義務《ぎむ》先行者《せんこうしゃ》中、特に我々人類の生存、発達、安心、平和及び幸福の実現に貢献《こうけん》せられたる所の、人類一般の大恩人の系列《シアリーズ》（Series）を指すものでありまして其源《みなもと》は宇宙《うちゅう》根本の神霊で御座ります。而して其種類が大凡《おおよそ》三つに別《わか》るるので御座ります。即ち国の伝統、是れは国家の主権者《しゅけんしゃ》であります。次は家の伝統、是れは父母及び祖先、次は精神伝統、是れは聖人の教を以て人心を開発し若くは救済する最高道徳実行者の系統であります。（二一五頁、［ ］は補充）

右の三伝統の外《ほか》に我々人間には尚《な》ほ尊敬《そんけい》を拂《はら》ひ服従を致さねばならぬ階級があるので御座ります。それは我々の尊親属《そんしんぞく》を始めとして我々の学問若くは技術の師匠《ししょう》、次に我々実生活上、我々の上に居って……、是れは伝統に準ずべき大切な人々でありますから、モラロヂーに於ては之を準《じゅん》伝統と称します。（二一六～二一七頁）

若し人間にして此伝統の大恩を報ずる至誠と実行とが続きましたならば、其人の精神及び肉体は神様に繋《つな》がって居るのであります。これは宛《あたか》も草木《くさき》の根を土中《つちのなか》に張《は》って居ると同一でありますか

ら、たとひ如何なる事がありましても、其人の亡ぶる事はありませぬ。(二二二頁)

この引用文は伝統の順番について、今述べたところと少し違っていますが、その内容は同じことです。

このように伝統を通して、真澄神と直結をする結びつきを持たねばならないのです。それを成就するものが「伝統の原理」です。

「伝統の原理」の重要な意味を述べましたが、このことが行《ぎょう》として行われなければならなりません。我々はつねに日々思いを重ねつつ、秩序と調和のとれた世界を求め身体を浄化していかねばならないのです。たびたび申しますが、単に伊勢神宮、あるいは出雲大社を信仰する、参拝する、それだけにてこの真澄神に強く結びつくことはできないのです。月参りをするなどして、これを行として日々に実行し年月を経《ふ》らなければ、真に真澄神たちに結びつくことにはなりません。

行としての「伝統の原理」を述べましたが、この信仰は己のフタの中に潜んでいる仁義礼智信の「信」を行うことになります。その姿に応じて、「純粋正統の学問」、即ち、真理がその人間にほとばしり来るようになります。即ち、ミ字神呪「伝統の原理」とマ字神呪「純粋正統の学問の原理」によって人間は循環的に次第しだいに浄化をされ、真理へと導かれていくのです。

この本質を忘れては真の「伝統の原理」にはなりません。これは人間の生活の知識・技術の問題、あるいは、人間の存在の生き方の問題としてあるものです。一人ひとりの人間は、己の心を定め、伝統にまつろい、真理をいただくように生きなければなりません。

ところが、この伝統に対してまつろわない、逆らうことがあります。

伝統に対してまつろわない者は、死後において決して「ナナヤの宮」に入ることができないといいます。「ナナヤの宮」は、真澄神にまつろい、神々とつながった御方々のみが生活をなさる宮殿です。伝統に逆らうことは、真澄神に対して逆らうことになり、「ナナヤの宮」の外において長く反省生活をしなければなりません。

家庭において子供が親に反抗する。すでにそこに家の伝統にまつろわない火種がおきているのです。この火が大きくならぬうちに諭して、親にまつろうことを教えねばなりません。また、学校、勤務先、あるいは国に対してそれぞれにまつろうことを教えねばならないのです。

国の動きに対して反対を進める方々は、如何にその知識が高くとも「ナナヤの宮」に入ることは許されず、幽界・冥界に苦しむことになります。そこに多くの明神・龍神たちが、主に明神たちですが説法に出かけます。真に改心をする者は、『法絲帖』の中にありますように「法絲の糸」に救われ、「今」を得て、その世界から出ることができます。「ナナヤの宮」とは別の世界に導かれ、更生のために再び現世に送られることとなります。この現世に生まれ更りをして霊界に帰られ、「ナナヤの宮」に入られた方々は大勢おられます。また、幽界・冥界でなくとも仏仙界・神仙界に入られた方々でも、人間の世界に再び使命を与えられて送られることは必定です。

しかし、悔恨をして再び現世に送られ伝統にまつろう行《わざ》をなさねばならないのに、再び同じ過ちを犯した者はさらに暗き世界に送られます。あるいは、どのようにも指導し難き御霊は霊消《たまげ》の運命をになうことになります。

誤って人を殺《あや》めたために幽界・冥界に来られた方々が、この世界でつねに呻吟するということはありません。現世においてその刑に服して、悔悟の念を新たにして来られる方もいます。そのような方々は、幽界・冥界において修行ののち法絲の糸に沿いて次なる生を待つことになります。

凡《およ》そ其伝統に対する忠実《ちゅうじつ》の精神及び行為は其人の容貌《ようぼう》をして温厚《おんこう》、平和《へいわ》、円満《えんまん》且つ高尚ならしめ其徳望《とくぼう》は春の日の人を懐《ナツ》くる如き有様《ありさま》であるので御座ります。之に反《はん》して伝統尊重の観念《かんねん》なき人は傲慢《ごうまん》、不遜《ふそん》、秋霜《しゅうそう》、烈日《れつじつ》且つ陋劣《ろうれつ》の有様が其容貌に現《あら》はれて居るので、其人の人格に対しては信《しん》じ難《がた》く且つ敬《うやま》ひ難《がた》い趣《おもむき》があるので御座ります。（一二三頁）

さらに一歩を進めます。家、会社、団体、あるいは、国において、この「伝統の原理」を実行するならばどのようなことが起きるでしょうか。即ち、人間が現世において生活《たつき》を求めるその元は、家業といえども団体に属しています。団体にまつろうならば、その団体は大きい働きをなします。

この時、その団体にまつろうのは、単に社会のため、国のためというだけでは成就しません。真澄神のお手伝いをさせていただいていることを思い、神様に結びつくことを願いながら生活していかねばなりません。

また、団体の社員やそこに働く方々一人ひとりを大事にすることが、団体の伝統に社員がまつろうことになります。それによって、自分の家の伝統につながり、さらに他の伝統に正しくつながる基となるのです。

団体においては、団体のためにご苦労をされて亡くなられた御方々の御霊の慰霊をなさるとことは、その団体の伝統を強固なものする重要な行事となります。このようにして進んでいくならば、必ずその団体は発展するでしょう。

それは、その団体が苦難に陥り変革をしなければならないという場合に、「純粋正統の学問の原理」によって、智慧を授かるようになるからです。智慧を授かることにより、その団体は救われます。このように真澄神に通じるように伝統を守ることはまことに重要であります。

ですから、団体の上に立つ者は、社員の方々に対して、正しく「伝統の原理」を伝えることは、団体の発展、存続の上に重要なことです。即ち、その団体の従業員の方々に、この十言神呪を伝え、真の信仰の生活に導くということはまことに重要なことです。これをひとりその団体の代表がなすだけでは不十分です。

然るに今回のモラロヂーに本づく所の最高道徳を体得する人は自から右の宇宙の真理も人類社会の組織の原理も明《あきらか》に且つ確実に之を了解《りょうかい》する事が出来るのでありますから、若し一《ひと》たび最高道徳の徹底する処に於きましては、上《カミ》は国家より下《シモ》は小なる一切の団体の組織が伝統の原理によりて統一さるるやうに為るのであります。そこで人類の真の安心、平和及び幸福が実現するに至るのであります。（二二〇頁）

重要な「伝統の原理」を述べました。

自分に都合よく解釈せずに、その奥にあるものをご覧になって幸福を実現してください。これらを隅々にまで行き渡らせ調和のとれた家庭を作っていただきたいと思います。これは人間の「誠《まこと》」から生じることです。

［九］大字（オ字）神呪

大字（以下オ字）神呪です。主宰神は大国主命です。このオ字神呪は「最高道徳」の「義務先行の原理」にあたります。

オ字神呪は「大いなる我悟りなばこの身われ　生り成り続くは誰が為にこそ」です。

第四の組立てにおいてオ字神呪は肉体を司っています。肉体にはあらゆる神経が張り巡らされています。門田の口癖は「禊とは、この肉体を削って、削って、削りきらねばならない。この眼球をはずし、視神経をはずし、あらゆる神経を取りはずしてゆくのである」と繰り返しました。肉体や肉体を支えるものすべてを削ぎ落とすのが禊の極意です。

我を支えるこの肉体はご先祖よりいただいて今ここにあるものです。この肉体の遺伝的なものは精神生活の実行によって次第に変化するものですが、肉体を次の世代に伝え残していかねばなりません。

「道の道」の実行において、自我没却の重要なことは度々に述べました。しかし、この肉体は外界と強いつながりがあります。外界との関係は別にして、肉体を如何に養うかは大事なことです。人間は、みずからの意志においてこの肉体を、肉の衣を限りなく薄く、透明にしていかねばなりません。肉体の壁を突き破らねばなりません。その至るところがハルミです。

そのためには肉体を己の欲望のままにさせないことです。身を清浄にする食物によって肉の衣を軽くすることに努めます。それは山の幸や海の幸です。海の幸においても、その重いものは青魚で、山の幸で重いものはニンニクなどです。しかし、門田は何でも好きで食物に頓着することはありませんでした。お肉も好きでした。

また、祭典におけるお供え物などを積極的にいただくことです。また日々に神様にお供えをしてありますお米、お塩、お水やお神酒などです。特にお米は天上の食物《ためつもの》としてその生命をいただくことになります。日本においては、この米というものを忘れてはならないように思われます。食べることが少なくなったことによって生じる弊害が今日は大きいように思われるのです。その他に、季節の果物やお菓子、また頂戴したものなどは神様にお供えをしてからいただきます。一旦お供えをしたものは神様の御稜威がかかるからです。

何故ここで食事に拘るのでしょうか。それはミヨへの鎮めであり、同時に、カ字神呪、即ち、慈悲の心の発現を誘うためです。そうすることによって、自身がこの現世において積極的に善事を行います。縁の下の力持ちとして、日々積極的に犠牲的な生活を送るのです。外界を少しずつ己の肉体とすることを勧めます。これが「大いなる我」への道行きです。

このことが、自分の肉体を使ってミヨに現世での功徳をさらに積ませることになります。ミヨの修行になり、ミヨを向上させることになるのです。

抑々近世《そもそもきんせい》、世界的に道徳の権威の衰へました原因は、宗教の退化《たいか》、道徳教育の不振《ふしん》、物質主義の勃興《ぼっこう》、個人的自由主義に本づく国家統制機関の弛緩《しかん》、奢侈《しゃし》的商工業並《ならび》に娯楽《ごらく》機関の急激《きゅうげき》なる発達等は其主《おも》なるものでありますが、すべて斯《か》かる事象《じしょう》を現《あら》はすに至りました最大原因は、精神科学の研究が聖人の教に反する所の異端《いたん》の学説《がくせつ》に堕落《だらく》した為であるので御座ります。（一九九頁）

このオ字神呪に「なりなり続くは誰がためにこそ」とあります。この肉体が続いていくのは誰のお陰であるのか、誰のためであるのか。即ち、生命をいただいたご先祖や神々に対しては感謝を申し上げ、一方にはさらに続いていく子孫に渡していかねばなりません。子孫の繁栄を願い、富と蘭の香りを増やしながら伝えていかねばならない。即ち、「中今」です。そのためにはどのようにするといいのか。その自覚を示すものが義務先行です。

中今に立つ人間として現世に感謝をしなければならないことは多いのです。それは今ここに立つことのできる感謝です。単に親に対するご恩があるから、今日の文化文明を築いていただいた方々にご恩があるからと単純に考えるのではありません。本当のご恩とは、その上にある伝統の源である神様に対するものです。それは大国主命のお働きへの感謝です。神様に感謝をしなければなりません。

もちろん心の中に多くのご恩を思いつつ生活を送ることは大切です。しかし何よりも見方を変えて、人々から感謝をされるような生活に入ることです。神様の命《めい》のままに文化文明を切り開き今日の礎を作ってくださった方々と同様に、現世の文化文明の更なる発展のために貢献をしていくのです。これが感謝をし、ご恩を返すことになり、神様からの命に対して応えることになるのです。

この「ご恩」を感じるものは人間の精神の「誠」です。神様の慈悲・愛と人間が絞り出す誠とは異なるものです。この誠が神様の慈悲・愛と一致すれば偉大な力を発揮しましょう。即ち、この誠の実行の生活が、「大我」への一歩となるのです。「義務先行の原理」の意義であるのです。

ここには誠だけを取り出しましたが、人間の精神の発露には誠、恕《じょ》、あるいは仁《じん》があります。この仁は人間の深奥の中のものと少しく異なるものです。これらの言葉は人間の精神にとってまことに重要な言葉です。

大上段に構えた説明をしましたが、身近な説明を一つします。廣池博士は我々に道徳の心得として多くの言葉を遺しておられます。その一つに「他人の欠点我これを補充す」というのがあります。例えば、他人の粗そうや悪い癖などを見れば気になるものです。その場合でも、相手は自分の身体の一部と思って、相手に気づかれないように粗そうを始末し、悪い癖を補っておくのです。大きい我の立場に立てば、相手の身体も自分の身体の一部です。これが大我の立場に立つ者の日々の生き方ではないかと思います。

歴史《れきし》、社会学《しゃかいがく》、進化論《しんかろん》、発生学《はっせいがく》、……等の研究によるに、優者《ゆうしゃ》が優良事《ゆうりょうじ》を為すに至ったのではなくして、優良な事を為した人が優者と為ったと云ふ事が明《あきらか》に為りました。即ち先づ動物の中にて、人間が最も優《すぐ》れた事を為すに至ったので人間が万物《ばんぶつ》の長《ちょう》と為ったのであります……。

次に右の原理と同じ原理によりて聖人は出来たのであります。即ち前の神の条に説明せるが如くに、世界の諸聖人は皆至誠、慈悲の心を以て人心の開発を為したる結果、聖人と為ったのであります。而して其聖人の説《と》く所と歴史の示す所とによりますれば、何れの国民、何れの宗教に崇拝《すうはい》されて居る所の神仏も皆慈悲の心を以て人類を愛し、之を善道《ぜんどう》に導《みちび》いて安心、平和及び幸福を与へようとして居るのであります……。

されば、すべて偉大なものが初《はじめ》から偉大なのではなくして、偉大な善事《ぜんじ》を為したものが偉大な好結果を得て永久に尊敬さるるのであります。而して是れは只歴史上の事実だけでなく社会学的考察《こうさつ》の結果も同様《どうよう》であります。（二〇一～二〇四頁）

最後に、このオ字神呪は守護神（イツ）を賜るための行であると言われています。その守護神は人間精神の誠の心の上に賜るのです。

人間が己のこの肉体を養っていただいたあらゆる方々、もちろん精神を養っていただいた方々をも含めて、それらのすべての方々に感謝し、感謝し尽くす時、ここに、人間精神の誠が芽生え、習い性となって生きづき、その心は大国主命に通じるのです。その時、明《あか》き心《こころ》の上に守護神を賜ることができるものです。守護神は人間を力強く導いてくださるのです。

生まれながらにしてイツを賜っておられる方もいます。それは、誕生にさいして清らな御霊であり、現世の上に何らかの変革をもたらすために、新しい道へ突き進ますために、神々より遣わされたもので、神々の使命を果たす者です。しかし、イツを賜りながら、それを感じることができずにイツの使命を果たすことのできぬ方も多いのです。

このように人間の肉体の中には、多くの霊的なるものが存在するのです。「誠の道は天の道」で、まことに大事なものであります。

されば聖人は我々人間には先天的《せんてんてき》に不完全な点があると申して居らるるのであります。即ち日本にては之を穢《ケガレ》と称して禊《ミソギ》即ち身と心とを清むることを必要と為し、支那聖人の教にては『尚書』の大禹謨《だいうほ》篇に『人心惟《こ》レ危《あやう》ク道心《どうしん》惟レ微也《かすかなり》』と申されて其人心即ち利己的本能を没却し、其道心即ち神の心を発達さする必要のある事が説かれてあります……。又釈迦の教にては之を罪《ツミ》若くは障《サハリ》と称して之を解脱《ゲダツ》する事を必要と為し、キリスト教にては人間にはすべてシン（Sin）と申す神に対する罪ありと称して、神に救はるる必要ありと教へられて居るので御座ります。此聖人の教は即ち前に申し上げました所の義務先行の原理と一致するものでありますので、全く宇宙の真理であるので御座ります。（二三四～二三五頁）

［十］小字（ホ字）神呪

後半最後の小字（以下ホ字）神呪です。「最高道徳」の「人間開発及び救済の原理」にあたります。主宰神は少彦名命です。

現世において、悩める者に対して救いの御手を差し出そうとする、その御心を現しています。神様に代って人々に真理を伝え、正しく導くのです。これまで述べたことを基にしてどのようにして成就するといいのでしょうか。いよいよ「道の道」の極致に入ります。

人間は、己の中から精神の「誠」を引き出して、誠の人生を送らねばなりません。この誠を相手に移し植えねばならないのです。即ち、相手の「誠」を導き、引き出すことに力を借さねばならない。誠と誠の引き合いです。その方法が道徳の本質になるのです。

モラロヂーは神の光即ち神の智慧を人心に与へて之をエンライトン(Enlighten)致し神の慈悲を人心に与へて之をセイヴ(save)致し、以て其人心の立《た》て直《なお》し即ちコンヴァーション(Conversion)を行《おこな》はせ、個人の安心と世界永遠の平和とを実現せしむる具体的《ぐたいてき》方法を学問的に確立《かくりつ》することが出来ました。(一二三頁)

コンヴァーション即ち心の立てかへと云ふ事は人間の利己的本能を神の心たる慈悲に立てかへて自己の利己的本能を没却し、義務先行を為し、伝統《でんとう》に奉仕《ほうし》し、而して此自己の精神を他人の精神に移植《いしょく》して人心の開発若くは救済を為す事であります……。

故に完全なる人心の開発は必ず聖人の純粋《じゅんすい》なる御教《みおしえ》によらねばならぬのであります。そこで此モラロヂーに於ける人心開発と人心救済との方法も従来《じゅうらい》の教と異なるのであります。即ちモラロヂーにては先づ此御教を知りたる人が其御教を実行して安心且つ幸福を得、然る後其精神を他人の精神に移《うつ》し植《う》ゆるのであります。故に従来の宗教の如くに他人を助《たす》くると云ふ事を標榜《ひょうぼう》して其宣伝《せんでん》を為す如き事は致しませぬ。只自己の精神の立てかへを致し、其結果、自己の最高品性を完成して自己の安心と平和の生活とを実現する事を目的と致すのであります。(二三六〜二三七頁)

ホ字神呪によって相手を感化するには、自分の肉体を滅却し、己の全精神、己の持つ霊的存在のすべてを相手にかぶせて包み込みます。そうすることによって、相手のミヨの持つ痛みをこちらが引き受けます。相手の持つミヨの業因縁をこちらが引き受けることによって、相手の痛みが解消し、相手の苦しみを消すことができるのです。

その時にこちらはミヨを通して誠が相手に伝わることをひたすら祈念します。祈らねばなりません。その際に、相手に対しては己の肉体を滅して伝えます。これが誠を移す最も重要なことです。つねに肉体という壁を取り払い、相手に自分の全身全霊をかぶせて、相手の痛みを引き受け、これを浄化し、良き方向へと導かねばなりません。これが人心救済開発の最初になすべきことです。

さらに、相手の家のご先祖に対して救っていただくことをお願いします。また、自分の家のご先祖に対しても祈念し、祈念を相手に伝えていただきます。この時に忘れてならないことは、家のご先祖は真澄大神にまで通じていなければならないことです。真澄大神を通して自分の家のご先祖から、相手の家のご先祖に対してお伝えをしていただくのです。それは相手のミヨに対して、相手のご先祖より導いていただくためです。

このようにして、我々は自分の誠を神様に捧げて、相手の痛みを柔らかくしていただくことを考えます。この神様が真澄神である少彦名命です。

人の命、人の苦悩を救うことは人間の重要な使命です。これが少彦名の大神様の命持《みこともち》ということです。人間は本来において、人の痛みを傍観する心は持っていないのです。必ず痛みを柔らげ、苦しみを抜こうとする「抜苦与楽」という心が具わっているものです。その心はフタから出ています。フタから沸き上がった慈悲の心によります。

さらにつけ加えますと、相手を真にこちら側に同化させるためには、それだけではまだ不十分です。相手はその利益をいただいただけです。ですから、真に相手がこちらの精神と同化をしたということにはならないのです。真の同化をもたらすためには、ここまでに述べた道徳の哲学を相手に伝え、その実行をしていただく必要があります。何故に己が肉体を持ってこの現世に来たのか、その理由を真に悟ってもらうことです。自分がこの現世に、何故に生まれて来たのかを悟る時が、真にその人は救いの道に入るのです。

単に利益をいただくだけでは、ご利益信仰ではありませんが、利益のためにこちらに近づいただけであって、本当に救われたものにはなりません。単なる一時の対症療法にしか過ぎないわけです。また、効果が無効になれば、却って恨まれることになり、却ってこちら側の精神を誤って伝えることになります。ですから、相手を真に開発救済するまでもっていかねばなりません。

最高道徳を以て人心の開発救済を為さむとする人は自分より上の人に安心をしていただくやうな行動を執《と》るのみならす、如何なる迫害《はくがい》に遭《おう》うても不平《ふへい》があっても困難があっても之を怨恨憤慨《えんこんふんがい》致してはならぬのであります……。彼の『無量寿経《むりょうじゅきょう》』の初《はじめ》に御釈迦様《おしゃかさま》の人格が述べてありますが、其文《ぶん》を拝見致しますのに御釈迦様がバラモン教の弊害《へいがい》に陥《おちい》って困難した事を皆自己の修行《しゅぎょう》の一端《いったん》として記《しる》してあるので御座ります。（二三九～二四〇頁）

さらにここで、相手を真に救済にまで引き上げる方法をいくつか述べます。

それは『法絲帖』を唱えてもらうことです。読誦によって、家の御霊たちが真摯にお働きを持つようになるのです。家のご先祖が動きます。ですから、『法絲帖』を伝え、唱えてもらうことは、人心の開発救済、さらにはその家を建て直すためにまことに重要な行事になるのです。

次に、「タマヒラキ」です。このタマヒラキの行《わざ》によって、瞬間的に相手のミヨという壁を破りフタを輝かします。その最も効果的な方法は天照大御神と大国主命の誉言《よごと》を唱えることです。継続することにより、いつのまにか霊《タマ》が開き、瞬間的に良きところへ導かれます。

この天照大御神と大国主命の誉言は、ご神札のもとにおいて唱えます。さらに、産土大神のご神札を供えることが望ましいことはいうまでもありません。大神様の誉言を毎日声の大小を問わず心静かに唱えることによって、いつの間にかタマヒラキができます。誉言とは、神様のお名前を称えることです。

また、「弥増の法《いやまし》」を使うことです。この弥増しの法は――残念ながら記録は残されていないのですが――、人間のミヨを貫通してフタを活性化させるものです。相手のフタを活性化させることによって、神様に向かう「伝統の原理」が芽ばえてくるものです。さらには、「純粋正統の学問の原理」を芽ばえさせ、真なる更生へと進むようになります。この弥増しの法をただ一度だけ行うことで効果を現すことは難しいことですが、大きい作用を与えましょう。

産土大神のことを申し上げておきます。本来は、氏神様は家の伝統の中に入るものです。しかし、現代はこれを突きつめることができない状況にあります。今住んでいる土地の産土大神は、一時的に我々を預かるもので、氏神様に直通するものではありません。ですから、霊界状況に通じる「明魂《あかるみたま》」を祭ることは氏神様と結びつくことになります。幽界・冥界においても御霊は氏神様を探しています。明魂とは、家の伝統の中で限りなく神様に近いご先祖の御霊のことです。日々に人間が明魂を祀り、明魂に慰霊《みたまなごめ》の御心を奉ることは、自分の氏神様に通じることになります。まことに貴い氏神信仰と申さねばならないのです。そして、度々申し上げますように、その氏神様の先には真澄大神が存在します。

これが人心の開発救済の考え方です。相手の人間というものをどのようにして導くのか。まさに多大の努力がなければ、相手を真に救うことはできぬのです。

最後に大事なことを伝えます。人心の開発救済は、歪みを正す少彦名の大神様の命持として働くことになります。しかし、相手から引き受けた業因縁はそのまま残っています。ですから、相手に代わって己が真澄大神に祈ることによって解消し、洗い流さなければならないものです。この最終の行を怠る時、その業因縁を己が身としてそのまま受け取らねばならないのです。信仰がなければ、人を救いながら己が苦境に陥ることになります。これが真澄信仰の必要な由縁です。

何故に、相手から受けたこの業因縁というものを、真澄大神に祈ることによって浄化することができるのか。それが少彦名の大神様の御徳によるところです。お働きからご理解いただけると思います。すべてにおいて少彦名の大神様が介在しておられるからこそ、真澄大神に祈ることによってその因縁を落とすことができるものです。即ち、言いかえるならば、相手の代わりにこちらが神々に祈るということです。また、住江大神の禊によっても浄化することができます。

最高道徳は前にも申しました如くに、自我没却の原理、神の原理、義務先行の原理、伝統の原理と此人心開発及び救済の原理との五つの原理が其実行の実質と内容とに為るのです。而して其内初めの四つを体得して之を実行した人が今一歩《いまいっぽ》開発されて神を認め、其神の慈悲心を体得して之を他の人間の精神に移植せむとするに至って始めて其人は最高道徳の実行者であって其人の最高品性が出来るのであります。……。

すべて我々人間が神を信じて最高道徳を体得し真の慈悲心を起《おこ》して人心の開発若くは救済を致す

やうに為りまして、始めて其胸の中《うち》に黄金世界が開け真《しん》の安心及び幸福の境地《きょうち》に達《たつ》するのでありま す。（二六三〜二六四頁）

次回に少し補足します。

［十一］自然法則

いよいよ最後の回を迎えました。

人間の肉体は使い方によって、顕幽を自在に行き来することができます。また、この現世《うつしよ》に富をもたらし病などの苦労を引き起こすことがなくなってきます。このような人間を造り出すことができるのは真澄哲学の十言神呪です。

これをお一人おひとりが身につけることによって、品性の完成した、フタの輝く生活を送ることができるのです。即ち、神の位を得るということは決して遠いことではないのです。すぐ側にあるものです。

それでは、最高品性を成就したその暁において如何なる状態になるか。その結果として、運を開き、蘭の薫をただよわせた健全な寿命、にぎにぎしい家族のときを迎えるものです。もちろん、代を重ねて継続し精進しなければなりません。その中において家の伝統につながる諸々のミヨに対して、またご先祖の御霊に対して限りなく慰霊を行い、明魂の慰霊に仕えるのです。そうすれば、人間としてのまことに健やかな成長をみることができます。

家の中にはいろいろな苦労や苦難があるものです。その苦労や苦難から救われんとして道徳や信仰の道に入り、道を啓いて家を建て直すことができます。しかし、その子供たちにはそれが普通であるとして、せっかくのご両親の信仰から遠ざかる方がいます。また、神も仏もあるものかと無神論者になり、これが合理的な生き方であると錯覚をする方がいます。ご両親の苦労を知らずに、今の生活はこのまま続き、当然のごとくに思うからです。しかしながら、年月の降るにしたがって同じようなご苦労を味わうことになります。まさに先人のご苦労を思わない生き方というべきでしょう。

しかしながら、先にも伝えましたように、この世界にはつねに真澄神ならざる勢力があります。それらの勢力に対してどのような心構えをなすかが、実に重要な問題となります。それによって、この道が歪められるということがあるのです。ですから、祓いを執行し、つねに結界《けっかい》を作っておくことは重要なことです。

次に大きい問題は、一人ひとりの人間がこの真澄大神をいかに奉斎《ほうさい》するかということがあります。これは、各神社においてお授けになりますご神札を神棚に置いておくだけでは不十分です。真澄大神である天照大御神と大国主命、さらに産土の神様をご奉斎し、大神様の誉言を称え、祭り合いをしなければなりません。誕生日には神様の前でお祝いをしましょう。

サクセッス(Success)即ち成功《せいこう》と云ふ事とハッピネス(Happiness)即ち幸福と云ふ事とは其原因と実質とを異《こと》にするのであります。即ち、たとへば、一時的《いちじてき》に金を得るとか若くは事業が成《な》り立《た》つとか云ふやうな一部分的な事は所謂成功であるので、是れは人間の力だけでも出来若くは之に多少《たしょう》の道徳を交《まじ》ふる時には更《さら》に好《よ》く出来る事は前に述べました如くでありますが、永久的且つ全体的に人間の真の安心を実現さする事即ち所謂幸福の実現と云ふ事は最高道徳の力でなければ出来ませぬ。

従来斯《じゅうらいか》かる成功と幸福との区別をも知らざる人が多いやうな次第でありますから益々《ますます》道徳の権威を疑ひ人間の精神作用及び行為に因果律《いんがりつ》無しと考ふる如き誤謬《ごびゅう》の思想を懐《いだ》くものを増加《ぞうか》するに至ったのであります。そこで畢竟《ひっきょう》従来の因襲的《いんしゅうてき》道徳は人間の利己的本能の延長《えんちょう》に過《す》ぎぬものでありますから、たとひ之を行《おこの》うても多くは政策的《せいさくてき》で且つ自負的《じふてき》に終《おわ》るのであります。故に其当事者《とうじしゃ》に真の安心なく之を受くる人に真の幸福が実現しないのであります。されば其当事者に対して其報酬《ほうしゅう》は甚《はなは》だ少いのであります。(二九七～二九八頁)

さて以上を述べまして、最後の因果律の問題に入ります。因果律のことは「最高道徳」の中に十二分に解き明かしてあります。ここまで述べましたところの十回の講義そのものが、神の姿であります。この神界は、宇宙自然の法則のままに行われています。物理法則として因果律が存在をしますが、さらに広い意味で「天網恢恢疎《てんもうかいかいそ》にして漏《も》らさず」で精神的世界にも因果律が存在します。

ここに、この十回の中に述べていないことがあります。それは、この十言神呪に出会うことのできなかった方々のことです。現世に肉体を持ち、地球上に宇宙自然の法則のままに生活をしながらも、真の神様に出会うことができなかった方です。四つの伝統を通して神々にお願いをして、ご縁がいただけるように救いを求めます。血筋を少し昇ればそのような方々がいると思われます。「人心の開発及び救済の原理」によってその温浴に浸たることを願って欲しいと願います。この現界が人間霊界であることを伝えて欲しいと願います。

モラロジーは最近、公《おおやけ》にせられたる所の新科学でありまして、最高道徳は深遠微妙《しんえんびみょう》の原理を含む所の人間の究竟《きゅうきょう》目的で御座りますれば、祖先以来多少徳のある御方《おかた》でなくては御理解《ごりかい》且つ御実行《ごじっこう》は難《むつかし》い事であるかと存じます。殊に現代の識者《しきしゃ》は多くの浅薄《せんぱく》な信仰や道徳説《せつ》に厭《あ》き果《はて》て居られますから、此モラロジー及び最高道徳に対しましてもやはり従来のそれと同様のものであらうと御考《おかんが》へなさる御方もありましやうが、それは大なる誤《あやま》りで御座ります。而して是れは全《まった》く聖人の純教説《じゅんきょうせつ》でありまして、之を御実行遊《あそ》ばされましたならば、何人《なんびと》にても偉大なる好《こう》結果を得らるるのであります。（三一一頁）

また、人間の「借り」や「恩」という言葉は最小限にしました。その精神はそれぞれの伝統の中に入り、伝統にまつろうことによっておのずと消え去っていくものです。しかしながら、それらの伝統に対して諸々のご恩を返しても、慰霊を実行し、真澄大神に通じるものでなければ、借りが残っていると言えるでしょう。

人間は、この現世に生きる限りにおいて、お世話になった方々に対して何ほどかのご恩を返しながら生活を送るということはごく普通のことです。真の借りということは、かような問題ではないのです。間違いのないように願います。

我々人間はかくも麗しいこの世界——人間霊界——において、神々と共に生きていたいのです。そうすれば、その心は神々と同一であり、神々の世界に遊ぶことのできる真の人間になることができるのです。そのために、「誠」の心をもってこの現世を誠心誠意、誠心《まごころ》を尽くして生きたいのです。

成人した者に対しては、かようにすればよろしいのであります。けれども、幼子《おさなご》に対しては、どのように導き、育てていくべきかという問題が残ります。それは、真澄信仰を通して、御子たちをこの真澄大神の御前において、初宮詣でをなし、七五三等の人生の節目ふしめにお参りをなすことです。それによって、真澄大神との結びつきは必ず強固となり、必ず神々に守られた人生が現れひとりでに導かれるようになるものです。

さらに、先人の手を借りて御子を良き方向に伸ばし、その御力を導き出してあげることが重要です。御子と先人との出会いは、これまたその神々の采配の中にあるものです。

【第三章】第三と第四の組立てについて

第三の組立ては、門田が「霊の道」「祭の道」の宗教哲学として賜りました。しかし、その解説を遺すことはありませんでした。

それに先立ち、「道の道」の哲学は、「最高道徳」として公にされましたが、そこに組立てはありません。

廣池博士の宗教の源流である天理教時代の著作の中にその構造を探しました。また、微かでも博士の「霊学《れいがく》」を求めましたが共に見つけることができませんでした。

平成十四年八月、断食の中に浮かび上がったのが、「道の道」の第四の組立てでした。住江大神より印可を賜りました。この組立てが「道の道」、即ち、「最高道徳」の組立てでした。

すでにおわかりの通りに、『十言神呪』の第三の組立ては、門田は「宇宙の神韻」を述べたものといいます。宇宙の不可思議な世界を読み解き、「霊・祭・道」の三本の道を示して、人間の到達すべき「神」に至る方法を明らかに示しています。したがって、この中にも「道の道」は含まれていますが、道筋のみで簡潔になっています。

これに対して、第四の組立ては詳細な人間の構造を示し、また、人間の社会生活の仕方を述べ、一方で、人間の内的生活の仕方を明らかに示しています。最高品性、即ち、人間の到達すべき「神」に至る方法を具体的に示しています。

いいかえますと、第三の組立ては大宇宙の中で人間が神に向き合いながら、神にまで進化向上すべき道を示しています。第四の組立ては小宇宙である人間が地球霊界において社会生活を営みながら、自分自身の中をじっと眺めることにより神に至る道を示しています。

十言神呪の主宰神は五柱の神々で、それぞれ二回ずつ役割を分担されたものが第三の組立てであり、また、第四の組立てではそれぞれ表と裏を司っておられます。この中に神々の役割としての上下関係があります。

さて、第三の組立ての「霊の道」の縦筋は、ラ字（大国主命）、ミ字（住江大神）、ミィ字・ス字（天之御中主命）となっています。これを物質（創造）的展開としていますが、人間の精神的な生き方を現しています。この縦筋は、先にも述べましたようにオ字（大国主命）から出発し、ラ字、ミ字、ミィ字、ス字となります。物質、富などの物に関することです。

オ字やラ字は肉体を養う上においてお世話になった方々に対する感謝で、この実行は蘭の薫りを高め富が増しましょう。ミィ字、ス字（天之御中主命）は肉体を透明にした姿を述べています。己の中の最高品性が輝き、外の神様との照らし合いがあります。

その為には、現実の肉体から、肉体を清浄にし、透明にまで高めていかなければなりません。その転換を図っていくのが禊の行のミ字です。人間の肉体は一つの霊体です。肉体と霊との別々のものが存在するのではなくして、肉体と霊とは連続的に変化をするものです。肉体はミ字を行じることによって、そのポテンシャルを大きくし、透明的なものに向上させることができるのです。その証明が『ナナヤの宮参宮記』に示してある門田の姿です。

第四の組立てにおいて「霊の道」は、社会生活において我がままな、神様から見放された、魂を汚す生活を送るのでなく、肉体人間を抑え、品性を輝かし、神様に結びつける生活を送ることを述べています。その本質は「純粋正統の学問の原理」と「伝統の原理」にあります。

第三の組立ての「祭の道」の縦筋は、下からオ字（大国主命）、ア字・カ字（天照大御神）、ス字（天之御中主命）になっています。この筋を生命的展開としてあります。その理由は、この三柱の神々が人間のあらねばならない姿を示しているからです。人間が人間として生き、神にまで至らねばならないことの本質を現しています。

そのためには、大国主命と天照大御神（その上の天之御中主命は別にして）を信仰しなければならない。即ち、「真澄信仰」の理由がここにあります。

さらに加えると、第四の組立てにある大国主命、天照大御神、天之御中主命は人間の本質としての構成要素です。したがって、真澄信仰とは、自分自身を祈る信仰でもあるのです。いいかえればここに、神様と人間との祭り合いがあるのです。

第四の組立てにおいて「祭の道」の神々は、人間の肉体、その中の慈悲・愛、最深部にある「最高品性」と人間自身を支えるものです。ですから、神様の「最高品性」そのものは磨くものでなく、人間の中に存在するものです。磨かねばならぬのは、人間の霊性・魂そのもです。その本質は「自我没却の原理」「神の原理」「義務先行の原理」です。

第三と第四の二つの組立ての**ス**の位置を確かめてください。最高品性である**ス**は宇宙の彼方と人間の深部との両方にあります。この二つの**ス**が響きあうのです。

第三の「道の道」の縦筋の下から、オ字から始まりますが、テ字・ホ字（少彦名命）、マ字（住江大神）とあります。法則的展開です。これは人間が人としての対外的な生き方を現しています。即ち、人間関係には少彦名命の慈悲と日々の反省が必要です。すべてのものに対する愛、人間関係の歪みを正していただくものです。

道徳はここで止まってはなりません。その上のマ字に至り、真理の神様とつながらねばなりません。「道徳の究極は信仰にある」のです。そのことを述べていますが、ホ字とマ字の間には大きい段差があります。信仰のない方々は、いろいろなことを言いますが、「道徳に信仰はいらない」というのは、大きな誤りです。この段差をつなぐものが真澄信仰です。廣池博士は「神は宗教の専有にあらず」と申しているのです。

第四の組立てにおいて「道の道」は、競争生活から人助けの生活への転換です。そのことを神々に祈る生活が人間には必要なのです。その本質は人間の生き方である「生存競争の原理」「人心開発及び救済の原理」にあります。

第三の組立てを見ていただければわかりますが、十言神呪の全体を丸で囲み、「神」と入れてあります。このことについて門田は次のように述べています。「解《と》いたら神でなくなる。解く前が神である」と。このことは廣池博士が「最高道徳」のまとめとして、「因果律の原理」を入れてあることに対応するのではないかと考えます。

改めて、第三の組立てと第四の組立ての関係について述べました。人間が、この現世という人間霊界において、神にまで進化向上しなければならない。その為には、十言神呪という真澄信仰がなければならないことを述べました。

第三の組立てを変形した「一霊四魂」についても述べました。煩雑になるので、一霊四魂のことはあまり他のカ所では述べませんでした。これは、第四の組立てにおける人間の肉体の内なる世界を解いているものではないかと考えています。即ち、十言神呪の「第五の組立て」ではないかと推察をしています。これの解明せられるのは少し時間がかかると思われます。

これが、現在までにわかり得る真澄哲学のほぼ全貌です。

あとがき

門田博治先生に昭和五十年より師事し四十年の歳月が過ぎました。本書を著わすことによって一つの使命を果たすことができたのではないかと安堵をいたしております。本書にご縁のありました方々には、本書を通して人間霊界の意義を悟り、有意義な人生を送っていただくことを願っています。

さて、どのような経緯で廣池千九郎博士をお迎えさせていただいたのか、はっきりした記憶がありません。次は拙宅の月並祭において、門田先生を通していただいた廣池博士からの最初の霊界通信です。それは、昭和五十九年五月二十七日、門田先生受信の自動書記でした。

最高道徳の最高スプリームと云ふ言葉は超越的と云ふ意であって、比較的上等な道徳と思ってはいけません　道徳は人間のもの人間の文化だが、最高道徳は神のもの神の文化であります

道徳に三品あり三様のはたらきをして居ること、即ち、上品中品下品の三品です　上品は忠、中品は孝、下品は信です　これらを貫いて居るのが最高道徳です　最高道徳が裏にあってこの上中下三品があらわれて居るのです　その根源にあるものに恕と云ふ事があり、これを忘れては決して最高道徳の筋が分からぬ筈です　恕とは自他平等から発する広い心です

また一つ申しますと、敬神と崇祖の二つがその恕から生れることも知っておかねばなりません

その後に、廣池博士の消息が門田先生を通してはっきりしました。博士は昭和十三年にご逝去後、五十年間、霊界において「誠」の研究をなされたそうです。そして、いよいよ正位にご任官になられることになりました。私のご神殿との通信ができるようになったのはその直前でした。その後、「敬神と崇祖」は「信仰の始まりである」とのお言葉をいただきました。

門田先生が生前に遺された「箴言《しんげん》」を記します。門田先生のご逝去の年、昭和六十三年戊辰年にいただいたものです。

道徳は神なり
最高道徳は大神なり
道徳は人これを行うも
最高道徳は神人をして行わしめるものなり

門田博治先生ご存命中の昭和六十二年に、私は真澄洞の祭祀を任されることになりました。真澄洞とは「真澄を洞《さと》る」ということです。その際に大山祇命より命ぜられたことが三ヵ条あります。一つは、道場を作らない。二つは、専従の神主を置かない。三つは、弟子は職業を持ちながら神様

に奉仕するものであること、でした。

思えば門田先生は「十言神呪」を神授されて以来、少彦名命の命持としてその名を少なくした、あるいは捨てた人生を歩まれ、借家住まいの清貧の生活でした。ご苦労をされたのは奥様や四人のお子様方のご家族でした。

現在も活躍をされている宗教団体から教祖としての勧誘がありました。また、新しい宗教を作るからとくさぐさの勧誘がありましたが、それらのすべてを断りました。「子供の使いにするのか」と罵声を浴びたこともあったそうです。

門田先生は、浜松時代に弟子たちから宗教団体を作るから教義となるものを書くように勧められましたが、筆を執ることはありませんでした。また宗教団体を作ることもしませんでした。門田自身は「この十言神呪の一つの観法でもって、道場を開けば大道場ができるよ」と言っていましたが、それもいたしませんでした。

先生は「十言神呪」を宗教にすることを嫌いました。そのために「三統義会」と称することを計画した記録が残っています。現在は、門田先生の扁額にしたがって「三統義塾」としています。

その大神様から、三十年を経て、本書の出版契約の少し前にお言葉を賜りました。ここに本書の意義があるものと思いますので、これを本書の終りの言葉といたします。カッコ内は小生が補ったものです。

日本におきて新しき宗教のボツボツと起るもそれらを統一するものなし。新しき宗教は一時《いっとき》の繁栄をみるも、あとは地団太を踏むばかりで、残るはその形骸のみである。中身を失った宗教は宗教にあらず。宗教も学問の道と同じく日《ひ》に異《け》に進歩し、新たなる哲学でもって大御宝《おおみたから》たちを導く必要があるものである。そのために新しい宗教を生み出すのである。

こたびの本書は、二柱の明神の導きによるものであるが、それらの宗教には系列があることを示すものである。また、（これからは霊界の構造を明らかにし）統合せんとするものである。

石黒　豊信

平成三十年戊戌歳八月二十二日

参考図書一覧

【前篇】

倉野憲司校注『古事記』岩波書店　一九六三年
小島憲之校注『日本書記①』小学館　一九九四年
『新修　平田篤胤全集』（第八巻、第九巻）名著出版　一九七六年
鈴木重道編『本田親徳全集』山雅房　一九七六年
鈴木重道『本田親徳研究』山雅房　一九七七年
宮地厳夫『本朝神仙記伝』八幡書店　一九八八年
笠井静夫『近代日本霊異実録』山雅房　一九七三年
笠井静夫『日本神異見聞録』山雅房　一九七四年
笠井静夫『気誠学人神霊談義』山雅房　一九八二年
『友清歓真全集』（第一巻～第六巻）参玄社　一九七三年
『天照大御神の大御名　十言の神呪』神道天行居　一九三四年
『天照大御神の御神名を奉唱致しましょう』神道天行居　一九七八年
『神仙の存在に就て』神道天行居　一九三八年
村山惣作『タマシの安定は鎮守の森から』（復刻版）山雅房　一九八九年
山口起業『神典採要通解』山雅房　一九九〇年
谷口雅春『生命の実相』（全四十巻）日本教文社　一九六二年

谷口雅春『神想観』日本教文社　一九七〇年
谷口雅春『神ひとに語り給う——神示講義』日本教文社　一九六〇年
門田博治・花井陽三郎『光る国神霊物語——大悟徹底の手引書』(改訂版)宮帯出版社　二〇一三年
門田博治『ナナヤの宮参宮記——大愛と人間を悟る書』鳥影社　二〇一四年
石黒豊信編集『門田先生の思い出』三統義塾　一九九六年
門田博治『増補　無為庵独語』三統義塾　一九九九年
門田博治『法絲帖』(「蒼安太偉古」)三統義塾　二〇〇七年
門田博治『法絲帖　真澄哲学講義』三統義塾　二〇〇八年
山蔭基央『自霊拝の秘儀』天社山陰神道斎宮　一九六〇年
山蔭基央『一霊四魂』愛信社　一九五四年
山蔭基央『祈りと奇蹟』霞が関書房　一九七〇年
山蔭基央『己貴秘伝』霞が関書房　一九七一年
山蔭基央『ヨガと神道』霞が関書房　一九七一年
山蔭基央『神道の現代的意義』霞が関書房　一九六二年
山蔭基央『神道入門』白馬出版　一九七九年
山蔭基央『神道の神秘』春秋社　二〇〇〇年
山蔭基央『出雲と伊勢　神道の叡知』講談社　二〇一二年
安丸良夫『神々の明治維新——神仏分離と廃仏毀釈』岩波書店　一九七九年
原　武史『〈出雲〉という思想——近代日本の抹殺された神々』講談社　二〇〇一年

五井昌久『神と人間──安心立命への道しるべ』白光真宏会出版局　一九五三年
五井昌久『天と地とつなぐ者』白光真宏会出版局　一九五五年
五井昌久『聖書講義』（第一、二、三巻）白光真宏会出版局　一九六九年
高良容像『神道口伝　國鳴の書』（第一、二、三巻、別巻の一）山雅房　一九七七年
宮地直一・佐伯有義監修『神道大辞典（縮刷版）』臨川書房　一九三七年

【後篇】

廣池千九郎『道徳科学の論文』（全十巻）広池学園出版部　一九二八年
廣池千九郎『廣池千九郎日記』（全六巻）広池学園出版部　一九八五年
廣池千九郎『孝道の科学的研究』広池学園出版部　一九二九年
廣池千九郎『神道講義』（「社会教育資料」75・76号掲載）広池学園事業部
廣池千九郎講演『近世思想文明の由来と将来』一九一五年（非商品）
廣池千九郎『復刻版　廣池千九郎モラロジー選集』（全三巻）㈶モラロジー研究所　一九七六年
井出元『廣池千九郎の思想と生涯』広池学園出版部　一九九八年
モラロジー研究所『伝記　廣池千九郎』広池学園事業部　二〇〇一年
山岡荘八『燃える軌道』（全五巻）学習研究社　一九七四年
廣池千英『道徳科学（モラロヂー）及び最高道徳の概要』一九三〇年
橋本富太郎「近代日本における神道と道徳──廣池千九郎を事例として」国学院大学博士学位論文　二〇一四年
宇野精一『儒教思想』講談社　一九八四年

宇野哲人全訳注『中庸』講談社　一九八三年
宇野哲人全訳注『中国思想』講談社　一九八〇年
小島祐馬・宇野哲人『中国の古代思想』講談社　二〇〇三年
安岡正篤『いかに生くべきか――東洋倫理概論』致知出版社　二〇〇〇年
安岡正篤『王道の研究――東洋政治哲学』致知出版社　二〇〇三年
安岡正篤『日本精神通義』関西師友協会　一九三六年
安岡正篤『日本精神の研究』関西師友協会　一九八五年
中村天風『運命を拓く――天風瞑想録』講談社　一九九四年
沢井淳弘『中村天風から教わったやさしい瞑想法』プレジデント社　二〇一一年
梅原猛他『仏教の思想』(全十二巻) 角川書店　一九七〇年
『大乗仏典』(世界の名著2) 中央公論社　一九六七年
木村泰賢『解脱への道』大東出版社　一九三九年
玉城康四郎『東西思想の根底にあるもの』講談社　二〇〇一年
村木宏昌『釈尊の呼吸法――大安般守意経に学ぶ』柏樹社　一九七九年
毎田周一訳『口語訳　歎異抄』海雲洞刊　一九六〇年
平岡聡『〈業〉とは何か――行為と道徳の仏教思想史』筑摩書房　二〇一六年
上村勝彦訳『バガヴァッド・ギーター』岩波書店　一九九二年
上村勝彦『バガヴァッド・ギーターの世界』ヒンドゥーの世界　筑摩書房　二〇〇七年
森本達雄『ヒンドゥー教の世界』(上)(下) NHKシリーズ　二〇一一年

安彦忠彦『教育課程編成論――学校で何を学ぶか――』放送大学教育振興会　二〇〇二年

【その他】

H・P・ブラバッキー『霊智学解説』心交社　一九八三年
パラマハンサ・ヨガナンダ『あるヨギの自叙伝』森北出版　一九八三年
パラマハンサ・ヨガナンダ講話集『人間の永遠の探究』森北出版　一九九八年
佐保田鶴治『ヨーガの宗教理念』平川出版社　一九七六年
小山一夫『悟りに至る十牛図瞑想法』学研　二〇一〇年
湯浅泰雄『身体論――東洋的心身論と現代――』講談社　一九九〇年
市川　浩『〈身〉の構造身体論を超えて』講談社　一九九三年
市川　浩『精神としての身体』講談社　一九九二年
津城寛文『鎮魂行法論――近世神道世界の霊魂論と身体論』春秋社　一九九〇年
中野裕道『古神道の鎮魂法』泰流社　一九九七年
中野裕道『鎮魂への道』泰流社　一九九六年
中野裕道『脱カルマの鎮魂法』泰流社　一九九七年
中野裕道『新釈「般若心経」入門』泰流社　二〇〇二年
山折哲雄『日本人の霊魂観――鎮魂と禁欲の精神史』河出書房新社　一九七六年
村野孝顕編『道祖　藤田霊齋伝記』道祖全集刊行会　一九八二年
村木弘昌『万病を癒す丹田呼吸法』柏樹社　一九八四年

関根正雄・木下順治編『聖書』筑摩書房　一九六五年
犬養道子『旧約聖書物語（増訂版）』新潮社　一九七七年
犬養道子『新約聖書物語』新潮社　一九七六年
松波信三郎訳『パスカル全集（第三巻）「パンセ」』一九五九年
山上浩嗣『パスカル『パンセ』を楽しむ――名句案内40章』講談社　二〇一六年
栗田　勇『一遍上人――旅の思索者』新潮社　一九七七年
栗田　勇『熊野高野　冥府の旅』新潮社　一九七九年
栗田　勇『岡田茂吉の世界――栗田勇氏は語る』（全五巻）ＭＯＡ　一九九〇年
宇佐美景堂『霊能者とその周辺』（全四巻）霊響山房　一九七八年
福田くら『神になるまで――仕組みのままに』たま出版　一九七四年
松下延明『人の道――幸福を求める人の為に』宗教法人祖神道本部出版部　一九八七年
浅野和三郎『増補　心霊講座』心霊科学研究会　一九二八年
志村有弘『役行者のいる風景――寺社伝説探訪』進典社　二〇一五年
伊矢野美峰『修験道――その教えと秘法』大法輪閣　二〇〇四年
宮家　準『修験道』講談社　二〇〇一年
出口和明『大地の母』（全三巻）いづとみづ　一九八二年
アーサー・M・アーベル『我、汝に為すべきことを教えん――作曲家が霊感を得るとき』春秋社　二〇〇三年
小原國芳『宗教教育論』玉川大学出版部　一九七二年
松下井知夫・大平圭拮『コトバの原典』東明社出版　一九八五年

〔著者紹介〕
石黒 豊信（いしぐろ とよのぶ）
昭和20年（1945年）高知県生まれ。昭和42年東京理科大学（理学部）卒業。平成22年㈻廣池学園・麗澤中学高等学校（数学科）定年退職。
現在、特定非営利活動法人（NPO法人）教職員学校（理事・事務局長）、聖徳大学SOA講師。昭和50年頃より「古神道」研究者門田博治先生に師事する。昭和63年先生ご逝去後、門田家のご協力のもと兄弟子や門田先生を慕われる方々のご援助により、先生の遺された記録・哲学を公にしている。
また、「十言神呪」の普及と研究に努め現在に至る。
責任編集出版は次の通りである。
『門田博治先生の思い出』（平成8年）、『増補 無為庵独語』（平成11年）、『法絲帖』（上）（下）（平成19年 平成21年）、『光る国神霊物語』（ミヤオビパブリッシング 平成25年）、『ナナヤの宮参宮記』（鳥影社 平成26年）、『神界物語（一）』『神界物語（二）』（ミヤオビパブリッシング 令和4年）。

二十一世紀の惟神の道 十言神呪
―― 神・最高品性に至る三本の道・霊祭道 ――

2018年11月23日 第1刷発行
2022年11月23日 第4刷発行

著　者 石黒豊信
発行者 宮下玄覇
発行所 MPミヤオビパブリッシング
〒160-0008
東京都新宿区四谷三栄町11-4
電話(03)3355-5555
発売元 株式会社宮帯出版社
〒602-8157
京都市上京区小山町908-27
電話(075)366-6600
http://www.miyaobi.com/publishing/
振替口座 00960-7-279886
印刷所 シナノ書籍印刷株式会社

 ISBN978-4-8016-0185-7 C0014